Hartmann u.a. · Immer diese Meetings!

Martin Hartmann · Rainer Röpnack
Hans-Werner Baumann

Immer diese Meetings!

Besprechungen, Arbeitstreffen,
Telefon- und Videokonferenzen
souverän leiten

Beltz Verlag · Weinheim und Basel

Lektorat: Ingeborg Sachsenmeier

www.beltz.de
Herstellung: Klaus Kaltenberg
Satz: Mediapartner Satz und Repro GmbH, Hemsbach
Druck: Druckhaus Beltz, Hemsbach
Umschlaggestaltung: glas ag, Seeheim-Jugenheim
Umschlagabbildung: zefa visual media gmbh, Düsseldorf
Zeichnungen: Ulrike Rath, Aachen
Fotos: Martin Hartmann, Frankfurt a. M.
Printed in Germany

ISBN 3-407-36100-9

Inhaltsverzeichnis

High-Tech-Meetings: Audio-, Video- und PC-Konferenzen

Fundgrube: Literatur und mehr

Vorwort:
Jedem Anfang wohnt ein Zweifel inne ...

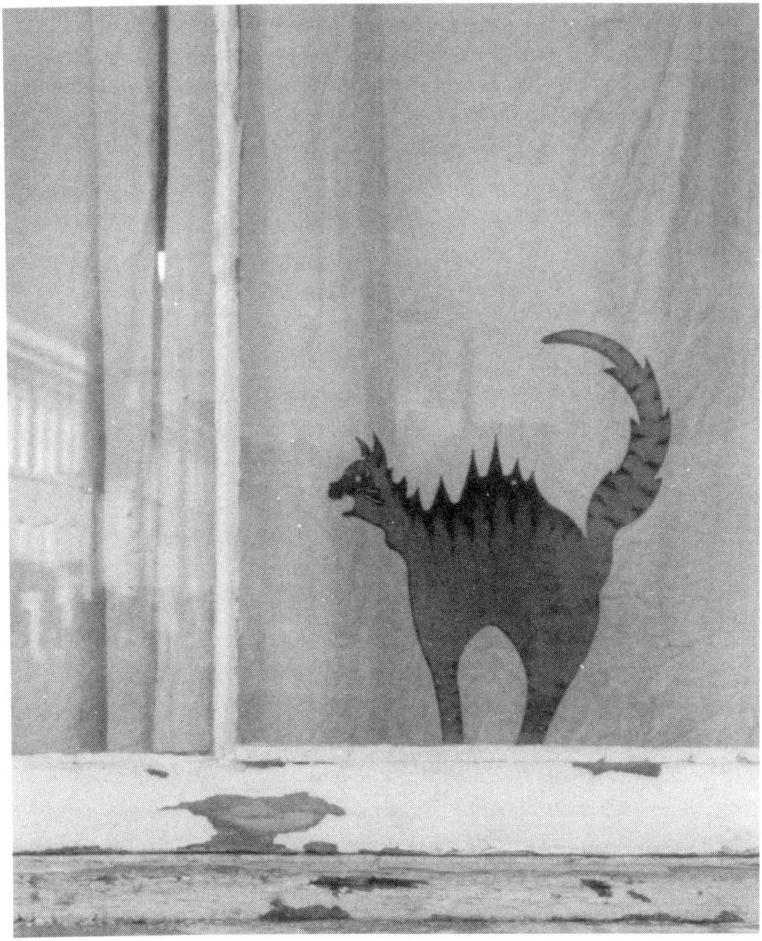

»Sie wollen eine Sitzung leiten? Ist das wirklich Ihr Ernst?«

Warum sind viele Besprechungen im beruflichen Alltag mit Unbehagen verbunden? Warum sind Besprechungen dennoch unentbehrlich? Was erwartet Sie, liebe Leserin und lieber Leser, wenn Sie mehr als nur das erste Kapitel lesen?

»Einen guten Tag wünsche ich Ihnen, Herr ... wir hatten miteinander telefoniert. Sie wollten von mir Anregungen zum Thema Besprechungsleitung erhalten. Wie ich Sie richtig verstanden habe, wollen Sie eine Besprechung leiten?«

»Was heißt ›wollen‹ – ich muss eine Besprechung leiten. Morgen früh um 09:00 Uhr beginnt unsere wöchentliche Abteilungsbesprechung. Als neuer Abteilungsleiter halte ich es für wichtig, mich mit allen meinen sieben Mitarbeiterinnen und Mitarbeitern einmal in der Woche auszutauschen. Dann gibt es darüber hinaus Situationen, da suche ich gezielt die Gelegenheit dazu. Das ist in der nächsten Woche der Fall: Unsere Geschäftsführung hat nämlich ein Projekt zur Leistungsverbesserung in der Firma beschlossen. Das sollen externe Unternehmensberater durchführen. Ich möchte als Vertreter unserer Firma abklären, was sie vorhaben. Sie sehen, gleich zwei Sitzungen, für die ich mich verantwortlich fühle. Wenn ich aber ehrlich sein darf: Mich beschleicht grundsätzlich ein schlechtes Gefühl, wenn ich an Besprechungen denke, ich habe noch keine erlebt, die mich ganz und gar zufrieden gestellt hätte.«

»Oh ja, manche Menschen behaupten sogar, eine Besprechung sei etwas, wo viele hineingehen, jedoch nichts herauskommt. Wie sehen denn Ihre Erfahrungen aus? Nehmen Sie sich doch ein paar Minuten Zeit und kreuzen den folgenden Fragebogen an.«

Wenn Sie an die Leitung einer Besprechung denken, welche der hier genannten Verhaltensweisen haben Sie schon einmal erlebt und welche noch nicht?

	Schon erlebt	Noch nicht erlebt
Man hatte den Eindruck, als sei die Sitzung vom Leiter nicht vorbereitet.	☐	☐
In der Einladung gab es keine Hinweise über Themen und Ziel(e) der Sitzung.	☐	☐
Eingeladen waren überwiegend fachfremde, inkompetente, desinteressierte Teilnehmer.	☐	☐
Die Teilnehmerzahl war zu groß.	☐	☐
Die Sitzung wurde nicht pünktlich begonnen.	☐	☐
Ein Zeitrahmen für die ganze Veranstaltung fehlte.	☐	☐
Anlass und Hintergrund der Sitzung wurden nicht verständlich gemacht.	☐	☐
Es wurden keine nachvollziehbaren Ziele für die Sitzung oder die Tagesordnungspunkte genannt.	☐	☐
In der Sitzung wurde nicht deutlich, wozu die Anwesenden wirklich benötigt wurden, welche Rolle sie einnehmen sollten.	☐	☐
Es wurde sehr viel geredet, am Schluss gab es jedoch keine Ergebnisse und schon gar keine Entscheidungen.	☐	☐
Eigentlich war vor der Besprechung schon alles entschieden, die anwesende Gruppe sollte dem Ganzen offenbar nur einen »demokratischen« Anstrich geben.	☐	☐

Vorwort

Jedem Anfang wohnt ein Zweifel inne ...

	Schon erlebt	Noch nicht erlebt
Die wichtigen Themen wurden nur oberflächlich und unzulänglich behandelt.	☐	☐
Der Leiter zog die Sitzung knallhart durch, keiner hat sich richtig getraut, seine – womöglich abweichenden – Gedanken zu äußern.	☐	☐
Während der gesamten Sitzung wurde nichts visualisiert.	☐	☐
Die gesamte Organisation der Sitzung war mangelhaft (Raum, Zeit, Technik etc.).	☐	☐
Am Ende der Sitzung gab es keinen verbindlichen Maßnahmenplan, man trennte sich ohne Vereinbarungen.	☐	☐
Das Protokoll war entweder inhaltlich unbrauchbar oder kam zu spät.	☐	☐
Auch wenn die Sitzung inhaltlich unbefriedigend verlief – es war gut, mal wieder miteinander gesprochen zu haben.	☐	☐
Aus dem Verlauf der Besprechung wurde nichts für die nächste Sitzung gelernt – sie lief nämlich ebenso ab wie alle bisherigen.	☐	☐

»Mmh, wenn ich jetzt beim Auszählen feststelle, dass ich mehr als die Hälfte dieser Phänomene schon erlebt oder sogar selbst verursacht habe, könnte ich ganz zum Gegner von Besprechungen werden. Auf der anderen Seite erlebe ich aber auch immer wieder, wie sinnvoll es ist, wenn mehrere Personen Ihr Wissen, ihre Kreativität und ihre gesamte Kompetenz in einen Arbeitsprozess einbringen. Da entstehen immer wieder Spitzenergebnisse.«

»Was halten Sie dann von folgenden Aussagen?«

Besprechungen, Arbeitssitzungen, Projektmeetings etc. sind sinnvoll, weil ...	Stimme voll zu	Habe Bedenken
... unterschiedliche Interessen und Meinungen zu einem Thema angehört, ausgetauscht und erörtert werden können;	☐	☐
... viele Themen nicht nur einzelne Personen betreffen, sondern auch andere Teilnehmer etwas zur Sache beitragen können und sollen;	☐	☐
... die verschiedenen Perspektiven und die Kreativität der Beteiligten die Qualität von Ideensammlungen oder Lösungsvorschlägen erhöhen;	☐	☐
... Aufgaben koordiniert und / oder Prioritäten festgelegt werden sollen, die die Anwesenden direkt betreffen;	☐	☐
... eine hohe Akzeptanz der getroffenen Entscheidungen deren Umsetzung in die Praxis erleichtert;	☐	☐
... der Besprechungsleiter wie auch die Teilnehmer die Möglichkeit bekommen, sich vor wichtigen Leuten zu profilieren.	☐	☐

»Grundsätzlich stimme ich den Aussagen zu. Für die Beziehungspflege würde ich wahrscheinlich nicht extra eine Besprechung ansetzen. Das mit dem Profilieren kann aber hin und wieder schon Sinn machen, da möchte ich mich nicht von freisprechen.«

»Mit anderen Worten: Einerseits sehen Sie den Nutzen und die Chancen von Besprechungen, andererseits erleben Sie wie viele andere auch, dass Besprechungen in der Praxis häufig richtige Leidensgeschichten sind.«

»Sehe ich auch so. Ich befürchte, dass sich das erfolgreiche Leiten gar nicht so einfach lernen lässt. Aber Sie sind die Beraterin in Sachen Kommunikation: Lassen sich denn alle Probleme, die so eine Besprechung zu Fall bringen können, hundertprozentig in den Griff bekommen?«

»Sicherlich nicht. Aber wir können es versuchen.«

Als Autoren dieses Buches wollen wir Ihnen, liebe Leserinnen und Leser, Anregungen bieten, wie Sie die Vorbereitung und Durchführung und damit Qualität und Erfolg Ihrer Besprechungen verbessern können. *Verbessern* bedeutet beispielsweise,

- dass Sie sicher werden in dem, was Sie mit und in einer Sitzung erreichen wollen und können,
- dass Sie auch Routinebesprechungen, wie eine wöchentliche Abteilungssitzung, so gestalten und durchführen, dass Sie und Ihre Mitarbeiterinnen und Mitarbeiter davon profitieren,
- dass Sie auch unter großem Zeitdruck – »Gut dass ich Sie auf dem Gang noch treffe: Übernehmen Sie doch in einer halben Stunde bitte unsere Sitzung zum Thema Beratereinsatz, ich muss unbedingt zu einem Kunden...« – eine Besprechung systematisch und zielgerichtet vorbereiten und zufriedenstellend »über die Bühne bringen« können,
- dass Sie neue Möglichkeiten ausprobieren, wie Sie in einer Sitzung mit den Besprechungsteilnehmern arbeiten, wie Sie also leiten,
- dass Sie sich sicher fühlen und handlungsfähig bleiben, wenn es zu Störungen kommt oder unangenehme Zeitgenossen auftreten.

Dieses Buch soll Sie dazu anregen, in Ihrer nächsten Sitzung das eine oder andere bewusst anders zu machen. Am meisten profitieren Sie, wenn Sie sich aktiv mit den Checklisten und Fragebögen auseinandersetzen, gewonnene Anregungen mit Freunden, Kolleginnen oder Bekannten diskutieren und sie gleich bei nächster Gelegenheit ausprobieren. Nichts anderes stehen dem Abteilungsleiter und seinem jungen Kollegen im Beratungsgespräch mit der Beraterin in unserem Beispiel auch bevor.

Besprechungen: Um welche Situationen geht es dabei?

Es ist immer gut, die Karten offen auf den Tisch zu legen: Also – worum geht es, wenn in diesem Buch von Besprechungen, Sitzungen oder Meetings die Rede ist?

Beispiele für Besprechungssituationen sind:

- **Regelmäßige wöchentliche Abteilungssitzung mit acht Teilnehmern, Dauer zwischen einer und zwei Stunden.** In dieser Sitzung wird die Abteilung als Abteilung erlebbar, dies hat eine wichtige identitätsstiftende Funktion.
- **Einmalig stattfindende Problemlösungssitzung mit Teilnehmern aus verschiedenen Bereichen oder Unternehmen, Dauer zwischen einer Stunde und einem ganzen Tag.** Derartige Veranstaltungen benötigen eine sorgfältige Vorbereitung in Bezug auf Ziele, Teilnehmer und Ablauf, um den Anforderungen gerecht zu werden.
- **Kurzfristig einberufenes Treffen von drei bis fünf Personen, um »ganz kurz etwas abzusprechen«.** Leider werden derartige Sitzungen häufig nicht besonders vorbereitet, sie werden *so nebenbei* erledigt. Entsprechend dünn fallen die Ergebnisse aus.
- **Ein- bis zweitägiger Workshop, in dem circa zehn Teilnehmer intensiv an mehreren Fragestellungen arbeiten.** Für die Durchführung ist häufig ein inhaltlich unparteiischer Moderator ratsam (Anregungen dazu auf Seite 150ff.).
- **Die eintägige Jahrestagung mit allen Angehörigen eines Unternehmens.** Sie sollte in Zusammenarbeit mit einem erfahrenen Veranstaltungsprofi geplant und durchgeführt werden.

- **Fachkonferenz zu einem Thema, bei dem verschiedene Redner vortragen.** Wichtig ist die Auswahl und Vorbereitung der Vortragenden.
- **Ein- bis dreitägige Großveranstaltungen mit 100 und mehr Teilnehmern, die sich um ein Thema bewegen und in dem möglichst viele der Anwesenden aktiv sind.** So etwas hat als *Open-Space*-Veranstaltung Eingang in die Praxis einiger Unternehmen gefunden (dazu einige Hinweise ab Seite 156).
- **Fünf Kolleginnen und Kollegen eines *global players* in fünf Kontinenten vernetzt mit Computer und Handy redigieren gemeinsam eine Pressenotiz für ihren Vorstandsvorsitzenden.** Zu Telefon-, Video- und PC-Konferenzen gibt es jeweils eigene Ausführungen ab Seite 160.
- **Der für den Abend einberufene Familienrat, in dem es um die Frage geht, wohin der wahrscheinlich letzte gemeinsame Urlaub von Eltern und fast schon erwachsenen Kindern gehen soll.** Konfliktbesprechung vom Feinsten.

»Ich könnte doch auch das zufällige Treffen in unserer Kaffeeküche als Besprechung vorbereiten und durchführen. Da werden nämlich häufig wichtige Informationen ausgetauscht und Absprachen getroffen.«

»Das könnten Sie natürlich tun. Ich rate Ihnen jedoch davon ab. Die Stärke der Kaffeeküchentreffen besteht gerade darin, dass sie spon-

tan erfolgen. Viel bleibt dem Zufall überlassen. In einer solch angenehmen Atmosphäre finden oft wichtige Absprachen statt, die sich einfach so ergeben; vielleicht deshalb, weil sie nicht geplant und erzwungen werden können. Pflegen Sie derartige Räume und besuchen Sie sie häufiger; aber bitte nur in der Absicht, einen Kaffee zu trinken und ein paar Minuten lang über das Wetter zu plaudern. Da es uns in diesem Buch um das Leiten von gezielt einberufenen Besprechungen, Sitzungen oder ähnlichen Zusammenkünften geht, hier ein Vorschlag zur Definition.«

INFO

Eine Besprechung ist eine von Ihnen einberufene Zusammenkunft von drei oder mehr Personen. Auch wenn diese Zusammenkunft von Dritten einberufen sein sollte, tragen Sie als Leiter die Verantwortung für den Ablauf und das Gelingen der Sitzung.

Die Zusammenkunft ist von Ihnen als Leiter sorgfältig geplant worden. Sollten Sie aber eine kurzfristig einberufene Sitzung leiten müssen, fällt die Zeit für die Planung sehr knapp aus. Sie werden die Sitzung zwar ohne große Vorbereitung, aber dennoch strukturiert und zielgerichtet durchführen.

In dieser Sitzung wollen Sie zusammen mit den Anwesenden etwas ganz Bestimmtes diskutieren, erarbeiten oder entscheiden. Sie haben als Leiter also eine genaue Vorstellung davon, was Sie mit Hilfe der Gruppe in der gemeinsamen Zeit erreichen wollen. Und natürlich, was die Gruppe in dieser Sitzung für eine Funktion hat. Sie haben sich ein Ziel überlegt.

Um dieses Ziel zu erreichen, überlegen Sie sich genau, wie die Zusammenarbeit mit den Anwesenden ablaufen soll. Sie haben sich Arbeitsschritte überlegt, einen Besprechungsablauf durchdacht – von der Begrüßung, der Darstellung der Tagesordnung und der Ziele bis hin zum Maßnahmenplan und als Schluss die Verabschiedung. Sie fühlen sich als Leiter der Besprechung also für das konkrete Vorgehen, den methodischen Verlauf verantwortlich.

Für das Gelingen Ihrer Besprechung schaffen Sie – soweit dies in Ihrer Macht steht – optimale Rahmenbedingungen: Zeit, Raum, Technik etc.

»Wenn ich das richtig lese, legen Sie großen Wert darauf, dass eine Besprechung nicht einfach nur als lockere Gesprächsrunde verstanden wird. Für Sie ist eine Besprechung immer eine Möglichkeit, bewusst und gezielt unter aktiver Beteiligung aller Anwesenden ein gut überlegtes Ziel zu erreichen.«

»Das ist eine unserer Botschaften. Etwas anderes kommt noch hinzu: Eine Besprechung ist kein Automat, in den Sie einen Euro hineinwerfen und damit ein Anrecht auf ein bestimmtes Ergebnis erwerben. Wir wollen Sie bei aller Betonung der Ziele und Strukturen immer auch für den Beziehungsaspekt sensibilisieren - also dafür, dass Sie es in einer Besprechung mit Menschen und ihren Gefühlen zu tun haben.«

In einer Besprechung passiert viel mehr als nur das Arbeiten an Inhalten

Eigentlich weiß es ja jeder: In einer Besprechung geht es neben Inhalten, Problemen, Sachfragen etc. immer auch um Gefühle, um die soziale Ebene, die Beziehungen der Teilnehmer untereinander. Obwohl dies im Grunde jeder weiß, wird dieser Teil einer Zusammenkunft wenig berücksichtigt.

In einer Besprechung sitzen dem Leiter Menschen gegenüber. Alle vertreten bestimmte Meinungen, verfolgen ihre eigenen, in der Regel nicht offengelegten Interessen. Sie brüten vielleicht über irgendwelchem Ärger, spüren irgendeine große Freude, können mit dem einen oder der anderen in der Gruppe besonders gut, mit anderen gar nicht. Und alle haben auf ihrem Schreibtisch eine Menge Arbeit liegen, die jetzt erst einmal liegen bleiben muss.

In einer Besprechung spielt also vieles eine wichtige Rolle, das mit der Sachebene nichts zu tun hat. Über diese soziale Komponente sollte sich jeder Leiter stets im Klaren sein, besonders auch, wenn er mit den Sachergebnissen nicht zufrieden ist und über die scheinbar vergeudete Zeit klagt. Denn jede Besprechung hat über die konkrete Problemlösung hinaus vielfältige soziale Funktionen:

- Die Menschen diskutieren von Angesicht zu Angesicht und nicht nur über Telefon und E-Mail. Dies ermöglicht einen intensiven Austausch.
- Das Teamgefühl wird gestärkt.
- Die Rolle eines jeden im Team wird deutlich. Der Beitrag der einzelnen zur Teamleistung wird für alle sichtbar. Dies kann über die aktuelle Besprechung hinaus motivieren und anspornen.

- Wenn Vereinbarungen wirklich gemeinsam getroffen werden, sind ihre Verbindlichkeit, die Verpflichtung zur Umsetzung und Verantwortungsübernahme stärker ausgeprägt, als wenn Entscheidungen über die elektronische Post verbreitet werden.

Unabhängig von der Verständigung in sachlicher Hinsicht schaffen Besprechungen immer wieder aufs Neue Konsens über Gewissheiten, die für die Funktion einer Organisation generell wie auch für Identität, Selbstwertgefühl und Arbeitszufriedenheit ihrer Mitglieder unentbehrlich sind. Konsens wird beispielsweise darüber hergestellt, dass man in der Abteilung nach wie vor gegen die Sparmaßnahmen des Vorstandes zusammenhalten muss, dass die Kunden auch bei den anderen Kollegen immer noch den gleichen Ärger produzieren wie bei einem selbst, dass es mit dem kollegialen Klima so weitergehen wird, auch wenn der neue Verkaufsleiter mit eisernen Besen fegen möchte. Die Besprechungsteilnehmer verlassen die Sitzung mit dem beruhigenden Gefühl, dass alles irgendwie doch beim Alten bleibt. Mit diesem Gefühl lässt sich gut und produktiv arbeiten. Natürlich gehört auch dazu, über die vertrödelte Zeit in der Sitzung ordentlich geschimpft zu haben.

»Mit anderen Worten: Soll ich mich als Besprechungsleiter denn immer auch um die Beziehungen in der Gruppe und um Stimmung in der Sitzung kümmern?«

»Sie sind dafür nicht allein verantwortlich. Aber Sie sollten die Beziehungsebene bei der Vorbereitung und vor allem während Sie die Besprechung leiten berücksichtigen. Diese Beziehungsebene spielt natürlich im Falle von Störungen und Konflikten eine besondere Rolle. Daher haben wir für dieses Thema auch einen eigenen Teil im Buch reserviert. Wir meinen aber auch, dass Sie während Ihrer Vorbereitung, während Sie also Inhalte, Ziele und Ablauf bestimmen und alle organisatorischen Fragen klären, dass Sie auch hier viel für eine stabile Beziehungsebene und viel in Sachen Wertschätzung für Ihre Teilnehmer tun können. In einigen Checklisten werden wir gezielt darauf eingehen.«

Vorbereitung I: Inhalte und Ziele

Ein sehr kurzes Kapitel, in dem es zum ersten Mal um die liebe Zeit geht

Unser Tipp: Bevor Sie sich weiter mit Inhalten, Zielen oder Teilnehmern beschäftigen, legen Sie für sich fest, wie lange die Sitzung wirklich dauern soll!

»Lassen Sie uns die Vorbereitung besprechen. Jetzt geht's um Inhalte und Ziele, nicht wahr?«

»Wir raten Ihnen, sich ganz kurz noch Gedanken zur Zeit zu machen, die für Ihre Besprechung zur Verfügung steht. Wenn Sie eine Vorstellung davon haben, wie lange Sie mit der Gruppe arbeiten wollen, dann können Sie Ihre Ziele und Inhalte realistisch gestalten. Sie werden Ihre Sitzung nicht überfrachten und Sie werden nicht Gefahr laufen, Ziele zu formulieren, die in der zur Verfügung stehenden Zeit keine Chance hätten.«

Überlegen Sie sich, wie viel Zeit Sie für die Besprechung verwenden wollen. Berücksichtigen Sie dabei,

- an welchem Tag und zu welcher Uhrzeit die Sitzung stattfinden soll;
- wie aufnahmefähig und leistungsbereit Ihre Teilnehmerschaft zu diesem Zeitpunkt wohl sein wird;
- für wie lange Sie Ihre Kolleginnen und Kollegen von ihren Arbeitsplätzen fernhalten wollen;
- wie viel Zeit Ihnen die Themen und Ziele wert sind, die Sie bisher mehr oder weniger durchdacht im Kopf haben.

Besprechung am:	
Besprechung soll pünktlich beginnen um:	
Besprechung soll pünktlich enden um:	
Eventuelle Zeit für Pausen:	
Zur Verfügung stehende reine Arbeitszeit:	

Die Auswahl der Inhalte und der Tagesordnungspunkte

Wie können Besprechungsinhalte systematisch und sorgfältig ausgewählt werden? In diesem Kapitel werben wir für eine gut durchdachte und begründete Inhaltsauswahl.

Wir empfehlen eine Sammlung aller Tagesordnungspunkte (TOP), die für die geplante Besprechung in Frage kommen. Notieren Sie dabei alle Themen, die aus Ihrer Sicht wichtig sind. Führen Sie gleichzeitig für jeden Punkt auf der Liste Gründe dafür auf, warum dieser Punkt unbedingt behandelt werden sollte.

Möglicherweise haben Sie so viele TOP auf Ihrer Wunschliste, dass Sie auswählen müssen. Das heißt, nicht alle Punkte können behandelt werden, nur die ganz wichtigen und dringlichsten. Nehmen Sie eine erste Bewertung vor. Unser Tipp: Vergeben Sie zwei Buchstaben. Dabei bedeutet der *erste die Wichtigkeit* des TOP (für Ihr Unternehmen, Ihre Abteilung, für Sie persönlich):

A = sehr wichtig, muss unbedingt behandelt werden,
B = wichtig, sollte in der Besprechung behandelt werden,
C = weniger wichtig, es wäre aber schön, wenn dieser Punkt in der Besprechung behandelt werden könnte.

Der zweite Buchstabe bezieht sich auf die *Dringlichkeit der Behandlung*:

A = äußerst dringend in der Besprechung zu behandeln,
B = muss nicht unbedingt heute erfolgen,
C = kann noch warten.

Auch wenn Sie die Zeiten für die einzelnen TOP noch nicht exakt festgelegt haben, so haben Sie sicherlich eine erste Vorstellung davon, wie lange ihre Behandlung jeweils dauern wird. Tragen Sie zu Ihrer eigenen Orientierung die grob geschätzte Dauer für die Behandlung des TOP in die entsprechende Spalte ein.

Nicht vergessen: Für den Fall, dass Sie Inhalte identifiziert haben, die für die Sitzung von außen vorgegeben sind, tragen Sie diese ebenfalls in diese Liste ein.

Besprechung am:

Welche TOP fallen mir im Moment ein?

TOP 1:

Gründe, warum der TOP in dieser Besprechung behandelt werden soll:

Wichtig/dringend Zeitbedarf

TOP 2:

Gründe:

Wichtig/dringend Zeitbedarf

TOP 3:

Gründe:

Wichtig/dringend Zeitbedarf

Tipp für die Durchführung: Den meisten Menschen fällt es leicht, viele TOP zu formulieren. Schwieriger tun sie sich schon mit der Begründung, warum ein bestimmter TOP unbedingt in die Besprechung gehört. Wir empfehlen, die reine Sammlung der TOP in wenigen Minuten durchzuführen. Quälen Sie sich dafür etwas mehr bei der Begründung für die Aufnahme in die Besprechung. Und noch etwas: Vielleicht neigen auch Sie dazu, für *jeden* gesammelten Punkt in der Spalte Wichtigkeit/Dringlichkeit ein A/A zu vergeben. Tun Sie es nicht! Zum einen wird es der Realität in Ihrer Abteilung nicht entsprechen, zum anderen nehmen Sie sich die Möglichkeit, überhaupt auszuwählen und eine Rangfolge zu bilden, bei der im Falle plötzlicher Zeitknappheit der hintere Punkt einigermaßen gefahrlos gestrichen werden kann. Also: Mut zu B und C!

»Wenn ich dieses Vorgehen ernsthaft betreibe, kann es mir passieren, dass ich zwar lauter wichtige, aber keine dringenden Punkte auf meiner Agenda habe. Oder lauter dringende, aber keine so wichtigen, dass ich dafür die ganze Gruppe zusammentrommeln muss.«

»Sie deuten auf etwas hin, was während der gesamten Besprechungsvorbereitung gilt. Fragen Sie sich immer wieder, ob die Zusammenkunft wirklich notwendig ist oder ob Sie Ihre Anliegen nicht auch auf andere Weise erledigen können, beispielsweise mit einem Telefonat, mit ein paar E-Mails oder einem Kaffeeküchentreffen. Ganz dringende, aber nicht sehr wichtige Punkte lassen sich auch mit einer kleinen Telefonkonferenz, einem improvisierten Treffen auf dem Gang oder einer anderen Kommunikationslösung erledigen.«

»Lassen Sie mich mal die TOP durchdenken, die ich für die morgige Abteilungsbesprechung vorgesehen habe. Es geht um die leidige Urlaubsplanung, ist im Moment für mich ein B/A-Thema, dann gibt es das anstehende Projekt unserer Geschäftsführung zur Leistungsverbesserung mit den externen Beratern, ist für mich ein A/A-Thema. Denn mir sind schon unschöne Gerüchte zu Ohren gekommen. Da

möchte ich frühzeitig informieren, um Unruhe zu vermeiden. Und meine Chefin möchte für ein Treffen mit ihrem Vorstand erste Überlegungen, wie wir mit der von uns erstellten und vertriebenen Informations-Datenbank ›Pandora‹ neue Kundengruppen erreichen können. Ist ein A/C-Thema, hat noch Zeit, könnte aber schon mal in den Köpfen meiner Leute verankert werden. Na ja, ist vielleicht auch ein C/C-Thema, obwohl, so sicher bin ich mir nicht. Muss ich mir noch überlegen. Ja, und dann ist da noch die Frage, wohin unser Abteilungsausflug gehen soll, aus meiner Sicht eindeutig ein C/C-Thema.«

»Und aus der Sicht Ihrer Abteilung?«

»Wahrscheinlich ein A/A-Thema. Aber ich sehe schon, dass ich zwar schnell beim Buchstabenverteilen bin, mir aber noch zu wenig Gedanken mache, warum die einzelnen Punkte in die Besprechung sollen. Dafür sollte ich mir ein paar Minuten nehmen.«

Ziele, Ziele, Ziele!

!

In zwei Schritten kommen Sie zur Formulierung stimmiger und knackiger Ziele. Ein scheinbar mühsames Unterfangen. Aber wenn Sie das Prinzip einmal internalisiert haben, werden Sie nie wieder *einfach so* einen TOP behandeln!

Schritt 1: Entscheiden Sie sich für das allgemeine Ziel, das Sie für jeden TOP erreichen wollen – berücksichtigen Sie dabei jetzt schon die Teilnehmer Ihrer Besprechung. Sie finden in der folgenden Checkliste eine Reihe von allgemein formulierten Zielen. Diese helfen Ihnen, Ihr konkretes Ziel zu formulieren. Zwingen Sie sich, mit Blick auf jeden Ihrer Tagesordnungspunkte, zumindest eine der hier vorgeschlagenen Möglichkeiten anzukreuzen. Vielleicht erwischen Sie sich dabei, dass Sie noch unsicher sind. Überlegen Sie dann, was Sie wirklich erreichen wollen. Gleichzeitig bietet diese Checkliste die Möglichkeit, sich erste Gedanken über die Teilnehmer zu machen.

- Die **Kompetenz der Gruppe** kann Sie zum Nachdenken darüber anregen, ob mit den eingeladenen oder angedachten Teilnehmern das von Ihnen favorisierte Ziel überhaupt zu erreichen ist. Sind die Anwesenden beispielsweise befugt, Entscheidungen zu treffen, sind sie von ihrer Position im Unternehmen her überhaupt in der Lage, Maßnahmen zu vereinbaren?
- Die **Motivation der Gruppe** kann Sie auf die Beziehungsebene einstimmen: Für wie motiviert schätzen Sie die Anwesenden ein, wenn es um das Erreichen Ihres Zieles geht? Welche Schwierigkeiten werden auf Sie zukommen, welche Chancen bieten sich, wenn diese Gruppe das besondere Thema bearbeitet?

Besprechung am: **Top:**

Welches der folgenden Ziele (auch mehrere) möchte ich erreichen?

☐ Die Anwesenden sollen durch den Leiter oder durch einen Dritten persönlich *informiert* werden.

Kompetenz der Gruppe ☺ ☹ Motivation der Gruppe ☺ ☹

☐ In der Gruppe sollen zum Thema alle verfügbaren *Informationen und Meinungen ausgetauscht* und offene Fragen geklärt werden.

Kompetenz der Gruppe ☺ ☹ Motivation der Gruppe ☺ ☹

☐ Ein *Problem oder eine bestimmte Situation soll aufgedeckt, erkannt, beschrieben und aufbereitet* werden.

Kompetenz der Gruppe ☺ ☹ Motivation der Gruppe ☺ ☹

☐ Zu einer bestimmten Fragestellung soll unter allen Teilnehmern eine gemeinsame *Position* entwickelt, es soll *Konsens* hergestellt werden.

Kompetenz der Gruppe ☺ ☹ Motivation der Gruppe ☺ ☹

☐ Für ein Problem (bzw. Situation, Frage) sollen *Lösungsvorschläge oder Ideen* entwickelt und eine Entscheidung vorbereitet werden.

Kompetenz der Gruppe ☺ ☹ Motivation der Gruppe ☺ ☹

☐ Zur Problemlösung oder Situationsklärung für eine bestimmte Fragestellung soll eine konkrete *Maßnahme verabschiedet* werden.

Kompetenz der Gruppe ☺ ☹ Motivation der Gruppe ☺ ☹

☐ Für eine anstehende Aufgabe sollen Maßnahmen, Verantwortlichkeiten, Termine *abgesprochen, koordiniert* und *vereinbart* werden.

Kompetenz der Gruppe ☺ ☹ Motivation der Gruppe ☺ ☹

☐ Es sollen ein Wir-Gefühl, Corporate Identity, Zugehörigkeitsgefühl, positive Stimmung, guter Teamgeist erzeugt werden.

Kompetenz der Gruppe ☺ ☹ Motivation der Gruppe ☺ ☹

Schritt 2: Formulieren Sie die konkreten Ziele für jeden Tagesordnungspunkt. Überlegen Sie dabei die mögliche Unterstützung/Behinderung durch die Teilnehmer Ihrer Besprechung

Aus Erfahrung wissen wir, dass es vielen Menschen schwer fällt, konkrete Ziele zu formulieren und diese auch noch aufzuschreiben. Häufig hat man eine erste Idee im Kopf, die einem gefällt und mit der man in die Besprechung geht. Erst während der Diskussion wird plötzlich deutlich, dass dies so nicht funktioniert. Daher unser Appell: Gewöhnen Sie sich am Anfang daran, Ihre Ziele aufzuschreiben.

Besprechung am:

Wie lautet Tagesordnungspunkt 1?

Zur Erinnerung: Was war noch einmal das allgemeine Ziel / waren die allgemeinen Ziele, die ich erreichen wollte?

☐ Informieren	☐ Informationen austauschen
☐ Problem beschreiben	☐ Konsens herstellen
☐ Lösungsvorschläge entwickeln	☐ Entscheidungen treffen
☐ Maßnahmen koordinieren	☐ Wir-Gefühl schaffen

Zu TOP 1: Was möchte ich am Ende der Sitzung konkret erreicht haben? Oder: Wenn die Bearbeitung des TOP abgeschlossen ist, wie sieht dann das Ergebnis, das »Produkt« meiner Besprechung aus?

Wenn ich an die Teilnehmer der Besprechung denke, wie werden sie die Zielerreichung voraussichtlich fördern oder behindern? Was bedeutet das für meine weitere Besprechungsvorbereitung?

»Stopp mal bitte! Das Vorgehen, das Sie hier vorschlagen, mag ja ganz sinnvoll sein, solange ich das Zielformulieren noch übe. Aber es klingt doch recht zeitaufwendig. Entschuldigen Sie, wenn ich mich so einfach in Ihr Gespräch hier einmische. Aber in meinem Alltag habe ich kaum Zeit für stundenlange Vorbereitungen. Meine Meetings erfolgen sehr kurzfristig. Eine knappe Stunde vor Beginn weiß ich, worum es in dem Treffen geht. Wie bereite ich mich mit dieser Zielgeschichte denn vor, wenn ich äußerst knapp mit der Zeit bin? Wie sieht denn die Abkürzung für Schnelle aus?«

»Um ganz ehrlich zu sein: Je schneller Sie sind, desto mehr rate ich Ihnen zu der oben entwickelten ausführlichen Checkliste. Erst wenn Sie die verschiedenen allgemeinen Zielmöglichkeiten wirklich im Kopf haben, empfehle ich Ihnen eine verkürzte Checkliste. Die könnte folgendermaßen aussehen:«

Besprechung am:

1. Worum geht es in der Sitzung?
   Wie lautet mein Tagesordnungspunkt?

2. Wenn ich an die Gruppe denke, geht es mir bei diesem TOP um:

Information*	**Aktion****	**Entscheidung*****
☐	☐	☐

3. Daraus folgt für mein Ziel:

Zur Erinnerung:

(*) Informieren, Informationen austauschen

(**) Probleme beschreiben / strukturieren, Lösungsvorschläge entwickeln, Entscheidung vorbereiten, Konsens herstellen, Wir-Gefühl schaffen

(***) Entscheidungen treffen, Maßnahmen koordinieren

»Diese Version für Schnelle gefällt mir. Da kann ich ja gleich loslegen mit meinem Meeting. Aber ich vermute, mit der Zielformulierung ist Ihre Besprechungsvorbereitung noch nicht abgeschlossen, nicht wahr?«

Der Weg zum Ziel: Arbeitsschritte

Mit welchem Vorgehen wollen Sie Ihre Besprechungsziele erreichen? Welche Arbeitsschritte schlagen Sie der Gruppe vor? Wie führen Sie in einen Tagesordnungspunkt ein und wie schließen Sie ihn ab?

»Richtig. Ich würde mir an Ihrer Stelle noch Gedanken darüber machen, mit welchen Arbeitsschritten Sie das Thema angehen wollen. Sie sollten wissen, was die Gruppe konkret tun soll, um das Ziel zu erreichen. Und dafür empfehlen wir Ihnen einen Fahrplan.«

»Mit anderen Worten, ich soll nicht nur den Tagesordnungspunkt aufrufen und abwarten, was dann geschieht. Ich soll mir statt dessen vorher überlegen, ob und wie diskutiert wird oder ob ich erst einmal ein Meinungsbild abfrage oder in einem Brainstorming Ideen sammle und dann darüber diskutieren lasse und so weiter. Wie kann ich mir das an einem konkreten Beispiel vorstellen?«

»Bei einem meiner Themen morgen geht es ja um neue Kundengruppen für unsere Informations-Datenbank »Pandora«. Mir geht es um die Sammlung und Strukturierung erster Ideen. Zum einen will ich mit meinen Leuten überlegen, für welche neuen Kundengruppen die Leistungen unserer Datenbank von Nutzen sein können. Dazu möchte ich eine flotte Ideensammlung durchführen. Anschließend werden wir die fünf Kundengruppen auswählen, die den meisten Umsatz versprechen und von denen wir glauben, dass wir sie am leichtesten ansprechen können. Das Ergebnis dieses Schrittes ist eine Liste mit mög-

lichen neuen Kunden und einer knappen Begründung, warum die jeweilige Kundengruppe aus unserer Sicht interessant erscheint. Zum anderen möchte ich mit meinen Leuten erste Ideen sammeln, wie wir diese potentiellen Kundengruppen erfolgreich ansprechen können. Diese Sammlung mache ich vielleicht über eine Kartenabfrage, da kann sich jeder beteiligen und seine Ideen auf Karten schreiben. Anschließend fassen wir die Ideen zu Gruppen zusammen und formulieren so etwas wie erfolgversprechende Marketing- oder Vertriebsmaßnahmen. Da es in dieser Sitzung nur darum geht, erste Ideen für meine Chefin zu sammeln, dürfte dieses Vorgehen ausreichen. Ich muss nur noch überlegen, wie zeitaufwendig das Ganze sein wird. Ich könnte mir vorstellen, dass dieser Teil gut eine Stunde dauern wird. Was ich auch noch sorgfältig überlegen muss sind die Arbeitsfragen für das Brainstorming und für die Sammlung der erfolgversprechenden Marketing- oder Vertriebsmaßnahmen. Die Mitarbeiter müssen ja wissen, in welche Richtung sie sich Gedanken machen sollen.«

»Klingt richtig professionell, wie Sie das planen. Trotzdem eine kleine Anmerkung: Die eine Stunde, die Sie für den TOP ›Neue Kundengruppen‹ reserviert haben, scheint mir sehr knapp bemessen, vor allem wenn ich mir die vielen Arbeitsschritte überlege, die Sie da planen. Ich vermute, wenn Ihre Leute intensiv mitarbeiten, werden Sie wahrscheinlich locker das Doppelte an Zeit benötigen.«

»Da sprechen Sie einen entscheidenden Punkt an: Weniger routinierte Besprechungsleiter unterschätzen oft gewaltig den Zeitbedarf, den sie für die Behandlung einzelner Punkte benötigen. Daher unsere Empfehlung: Multiplizieren Sie Ihre Zeitvorstellung mit dem Faktor 1,5 oder besser noch mit zwei. Das erhöht Ihre Chancen für eine realistische Vorbereitung.«

Besprechung am:

Wie lautet TOP 1 und was möchte ich mit TOP 1 erreichen?

Mit welchen Arbeitsschritten will ich das Thema in der Gruppe behandeln? Oder: Wie will ich bei TOP 1 vorgehen, um das formulierte Ziel zu erreichen?

Mögliche Schritte

- ☐ Informationen geben
- ☐ Ideen sammeln
- ☐ Ideen zusammenfassen
- ☐ Ideen bewerten
- ☐ Ideen auswählen
- ☐ Punkte diskutieren
- ☐ Sich für einzelne Punkte entscheiden
- ☐ In Kleingruppen einzelne Teilfragen bearbeiten

Ihr Vorgehen:

»Das klingt aber wieder nach ziemlich viel Arbeit, bis ich so einen TOP komplett vorbereitet habe!«

»Sicherlich beim ersten oder zweiten und dritten Mal. Aber irgendwann ist Ihnen dieses Vorgehen in Fleisch und Blut übergegangen. In der Umsetzung wird das dann unterschiedlich gut gelingen. Sie erziehen sich auf diese Weise jedoch Schritt für Schritt dazu, Besprechungen zielgerichtet und methodisch durchdacht vorzubereiten und durchzuführen. Dabei soll Ihnen auch die folgende Übersicht helfen, in der wir aufgeführt haben, wie Sie während der Besprechung einen Tagesordnungspunkt einführen und abhandeln können.«

INFO

Vorschlag für die Behandlung eines Tagesordnungspunktes während einer Besprechung

- Nennen Sie ausdrücklich das Thema, das Sie behandeln wollen.
- Begründen Sie kurz, warum Sie dieses Thema in der Besprechung mit allen Teilnehmern behandeln wollen.
  Leitfrage: »Was ist der Anlass für die Beschäftigung mit diesem TOP?«
- Nennen Sie ausdrücklich das Ziel, auf das hin dieser TOP behandelt werden soll.
  Leitfrage: »Wenn die Bearbeitung des TOP abgeschlossen ist, wie sieht dann das Ergebnis beziehungsweise »Produkt« aus?«
- Nennen Sie den Zeitbedarf, den Sie für die Behandlung des TOP eingeplant haben.
  Leitfrage: »Wie lange wird die Behandlung des TOP ungefähr in Anspruch nehmen?«
- Stellen Sie mit wenigen Sätzen dar, wie Sie vorgehen wollen.
  Leitfrage: »Mit welchen Arbeitsschritten soll das Thema von mir und der Gruppe behandelt werden?«
- Sorgen Sie, wenn nötig, für die notwendigen Hintergrundinformationen, die die Anwesenden benötigen, um sich mit dem Thema zu beschäftigen. Informieren Sie selbst oder beauftragen Sie jemand anderen (Zeit zur Vorbereitung ermöglichen!).
  Leitfrage: »Was müssen die Anwesenden noch wissen, um das Thema erfolgreich bearbeiten zu können?«
- Starten Sie mit der Behandlung des TOP, sorgen Sie mit Fragen, Wiederholungen des in der Gruppe Gesagten oder mit Zusammenfassungen dafür, dass zielgerichtet am Thema gearbeitet wird.
- Schließen Sie die Behandlung des TOP mit einer Zusammenfassung des Ergebnisses und der getroffenen Vereinbarungen ab. Überlegen Sie dabei auch, was konkret in das Protokoll aufgenommen werden soll.

Die Reihenfolge der Tagesordnungspunkte

Mit welchem TOP beginnen Sie Ihre Besprechung, mit welchem hören Sie auf? Neun Begründungen, mal so oder so vorzugehen.

- **Wichtige und dringende TOP sollten möglichst an den Anfang** der Agenda gesetzt werden, wenn sie Gefahr laufen, später nicht mehr behandelt zu werden. Beispielsweise wenn die Zeit knapp wird, einige Teilnehmer erfahrungsgemäß nach einer bestimmten Zeit die Sitzung verlassen oder sonstige Unterbrechungen eintreten könnten.
- Die Reihenfolge bestimmter TOP ergibt sich aus Sachgründen, wenn sich **einzelne TOP aufeinander beziehen**: So kann beispielsweise der TOP »Urlaubsplanung« erst behandelt werden, wenn es bei TOP »Dienstleistungsangebote während der Sommerzeit« zu einer Entscheidung gekommen ist.
- Es kann sinnvoll sein, **verwandte TOP hintereinander abzuhandeln**. Die Teilnehmer der Besprechung stehen im Stoff, müssen nicht zwischen unterschiedlichen Bereichen hin und her springen. Weiterhin fällt es den Anwesenden leichter, Beziehungen und Abhängigkeiten zwischen den Themen zu erkennen und bei der Behandlung zu berücksichtigen.
- Es kann aber auch sinnvoll sein, **zwischen zwei verwandten, jedoch nicht direkt voneinander abhängigen TOP ein anderes Thema einzuschieben**. Die Teilnehmer kommen beim Zwischenthema möglicherweise auf neue Gedanken und können mit frischem Elan und neuer Perspektive an ein Themengebiet gehen, bei dem sie sich vielleicht zu Beginn der Besprechung nur mühsam durchgequält hätten.

- **Es gibt TOP, die versprechen ein schnelles, alle zufrieden stellendes und motivierendes Ergebnis**. Sie können an den Anfang der Besprechung gestellt werden. Ihre Behandlung und zügige Erledigung schafft gute Stimmung und ein erfolgversprechendes Besprechungsklima. Mit diesem Rückenwind kann sich die Gruppe dann an kompliziertere Themen wagen.
- Die meisten **Teilnehmer sind zu Beginn einer Besprechung noch wach und engagiert**. Das spricht für eine frühzeitige Behandlung der Themen, die viel Engagement und Kreativität verlangen.
- **Nach dem Essen sind die meisten Menschen eher zurückhaltend, gelegentlich auch etwas müde**. Es gibt Besprechungsleiter, die hier bewusst Themen platzieren, bei denen eine kontroverse, engagierte und alle Anwesenden betreffende Diskussion sicher ist. Auch eine Möglichkeit, dem Biorhythmus entgegenzuwirken.
- Es gibt **Themen, die den Gruppenzusammenhalt eher fördern und andere, die vielleicht Spannungen erzeugen**. Das kann bei der Planung von Besprechungen berücksichtigt werden. Wollen Sie mit den harmoniefördernden Themen beginnen, um die Kraft einer so vereinten Gruppe für die Behandlung eher kontroverser Themen zu nutzen? Oder wollen Sie mit den konfliktgeladenen Themen beginnen, um die Besprechung später dann mit Themen zu beenden, die die Gruppe versöhnlich in den Arbeitsalltag entlässt?
- Es gibt Organisationen, da laufen bestimmte Besprechungen **immer nach der gleichen Ordnung** ab: Begrüßung, Verabschiedung des Protokolls der vorherigen Sitzung, Bericht des Leiters, Bericht aus den Arbeitsgruppen, Sonstiges. Eine feste Ordnung gewährt Sicherheit und Kontinuität, nimmt Ihnen aber auch die Möglichkeit, auf die »Dramaturgie« einzuwirken. Vorsicht bei dem TOP »Sonstiges«: Viele Besprechungsleiter verzichten grundsätzlich auf diesen Punkt, da an dieser Stelle häufig wichtige Themen quasi ohne Vorwarnung »durch die Hintertür« eingeschleust werden. Wirklich wichtige Themen gehören auf die Agenda. »Kleinkram« kann außerhalb der Veranstaltung geregelt werden.

Alles auf einen Blick: Die Checkliste für alle Fälle

Besprechung am:

TOP Wie lautet das Thema?

Ziel Auf welches Ziel hin möchte ich den TOP mit der Gruppe bearbeiten?*

* Zur Erinnerung: Was waren die allgemeinen Ziele, die ich erreichen möchte?
Information (Informieren – Informationen austauschen)
Aktion (Problem beschreiben / strukturieren – Lösungsvorschläge entwickeln, Entscheidung vorbereiten – Konsens herstellen – Wir-Gefühl schaffen)
Entscheidung (Entscheidungen treffen – Maßnahmen koordinieren)

Vorgehen	Welche Arbeitsschritte plane ich für die Behandlung des TOP? ……………………………… ……………………………… ……………………………… ……………………………… ………………………………
Zeit	Wieviel Zeit möchte ich für diesen TOP verwenden? ……………………………… ………………………………
Zuarbeit	Wer soll Hintergrundinformationen aufbereiten, um in den TOP einzuführen? ……………………………… ………………………………
Einstellung der Teilnehmer	Mit welcher Einstellung werden die Teilnehmer den TOP behandeln? Wie muss ich mich vorbereiten? ……………………………… ………………………………
Konflikte	Mit welchen möglichen Konflikten muss ich rechnen? Wie bereite ich mich vor? * ……………………………… ………………………………

* Wenn ich mir vorstelle, wie die Teilnehmer wohl mitarbeiten werden, welche Spielregeln kann ich der Gruppe vorschlagen, die eine effektive und zufriedenstellende Zusammenarbeit während der Besprechung unterstützen könnten?

Vorbereitung II: Teilnehmerinnen und Teilnehmer

Die Auswahl der Teilnehmerinnen und Teilnehmer an der Besprechung

Anregungen und eine Reihe von Auswahlkriterien für den Fall, dass Sie die Teilnehmerinnen und Teilnehmer Ihrer Besprechung selbst auswählen können.

Häufig werden Sie nicht die Möglichkeit haben, die Teilnehmer an Ihrer Sitzung selbst auszuwählen. Trifft sich eine Abteilung, dann kommen alle zusammen, die dazugehören, egal ob es vier oder 20 Personen sind. Mit vier können Sie Ihre Besprechung unproblematisch gestalten, mit zwanzig oder noch mehr Teilnehmern ist eine intensive Diskussion, bei der alle zu Wort kommen wollen oder sollen, kaum möglich. Hier sind andere Verfahren angesagt, beispielsweise eine moderierte Sitzung mit zwei Moderatoren oder die Bildung von Untergruppen.

Auch wenn Sie nicht immer sämtliche Teilnehmer für Ihre Sitzung selbst bestimmen können, können Sie gelegentlich mitentscheiden, wen Sie einladen wollen. Wir haben Ihnen eine Reihe von Fragen formuliert, die bei der Auswahl von Teilnehmern helfen können. Nicht immer geht es dabei nur um die fachliche Qualifikation. Es können unterschiedliche Gründe eine Rolle spielen, weshalb Sie jemanden bei einer Besprechung dabei haben wollen oder nicht. Für den Fall, dass Sie frei über die Auswahl entscheiden können, lassen Sie sich zu jeder Frage ein paar Namen einfallen. Einmal abgesehen davon, dass Sie auf diese Weise Ihr Besprechungsteam zusammenstellen, entwickeln Sie mit der Zeit Ihr persönliches Instrumentarium, wenn es um die Auswahl und Zusammenstellung von Teilnehmern nicht nur bei Besprechungen geht.

Besprechung am:

Die Themen und Ziele meiner Besprechung

Wenn ich an die Themen der Besprechung am ... denke und an die Ziele, die ich dabei verfolge:

- Wer kann fachlich besonders viel zum Thema beitragen?
- Wer kann bis zum Besprechungstermin wichtige inhaltliche Fragen klären und die Ergebnisse in der Sitzung präsentieren?
- Wer wird mein Besprechungsziel am überzeugendsten unterstützen?
- Wer ist bei der späteren Umsetzung der getroffenen Entscheidungen wichtig, sollte also auch schon bei deren Zustandekommen beteiligt sein?
- Wer verfügt über ausreichende Kompetenzen, um die in der Besprechung getroffenen Entscheidungen zügig und effektiv umzusetzen?
- Wer ist von möglichen Entscheidungen besonders betroffen, sollte in der Besprechung also ausreichend zu Wort kommen?

- Wer vertritt am deutlichsten die Meinung wichtiger Gruppen in unserer Organisation und kann deren Standpunkt vertreten und verständlich vermitteln?

- Wer verfügt über gute Methodenkompetenz und verhält sich in Besprechungen besonders zielorientiert?

- Wer verhält sich in Besprechungen ausgleichend und konfliktdämpfend?

- Wer vertritt in Besprechungen unbequeme Positionen auf eine Art und Weise, dass dies den inhaltlichen Arbeitsprozess fördert?

- Wer trägt in problematischen Entscheidungssituationen dazu bei, dass kreative Lösungen gefunden werden, die zu einer *Win-Win*-Situation führen?

- Mit wem verstehe ich mich als Leiter in Besprechungen besonders gut, mit wem arbeite ich immer wieder gern zusammen?

- Wem würde ich mit der Einladung zu dieser Besprechung eine Freude, einen Gefallen oder guten Dienst erweisen?

- Wen möchte ich auf keinen, aber auch auf gar keinen Fall bei dieser Besprechung dabei haben?

Vorbereitung III: »Treten Sie nur ein!«

»Treten Sie nur ein!«

Raum, Technik und Verpflegung

Vom Bedürfnis nach Bequemlichkeit, einigen technischen Notwendigkeiten und der (immer wieder) wichtigen Frage nach dem leiblichen Wohl.

Besprechungen scheitern häufig an »Kleinigkeiten«, die für eilige Manager, denen es in erster Linie um Ziele, Inhalte, Strukturen und Effizienz geht, nicht so wichtig sind: Da trifft sich eine Gruppe, um sich Gedanken zu einer bevorstehenden Organisationsveränderung zu machen und muss in einem kalten Raum sitzen; die Kreativität friert buchstäblich ein. Da soll ein neues Projekt vorgestellt werden und keiner hat sich um den Projektor gekümmert, der »doch sonst immer in diesem Raum herumsteht«. Da geht es um eine Konfliktklärung zwischen zwei Vertriebsteams, und die penetranten Bohrgeräusche einer Straßenbaufirma erreichen, dass die Stimmung unter allen Beteiligten immer gereizter wird. Und wenn es nicht die Technik ist, die Ärger bereitet, sind es die Handys, die die wichtigen Leute an entscheidenden Stellen aus dem Raum locken. Um es auch einmal positiv zu beschreiben: Es sollen auch schon die besonders ausgezeichneten Kekse gewesen sein (also nicht die, die sowieso in jedem Unternehmen als bunte Mischung angeboten werden!), die kritische Sitzungsteilnehmer zum Weiterarbeiten »verführt« und damit entscheidend zum Erfolg eines Projektes beigetragen haben. Erfahrene Besprechungsleiter verwenden zwar wenig Zeit auf den organisatorischen Rahmen einer Besprechung, denken jedoch an alles und räumen Hindernisse beizeiten aus dem Weg. Die folgenden Checklisten sollen dabei helfen.

Besprechung am:

Wie beurteilen Sie den Raum für die geplante Besprechung?

	Gewährleistet	Einschränkungen
Ist der Raum groß genug (mind. $3m^2$ pro Teilnehmer)?	☐	
Ausreichende Helligkeit vorhanden (wenn möglich Tageslicht)?	☐	
Verdunkelungsmöglichkeit für den Projektoreinsatz vorhanden?	☐	
Ruhige Atmosphäre, keine Lärmbelästigung?	☐	
Gute Belüftungsmöglichkeiten?	☐	
Heizung vorhanden, vor Ort zu regulieren?	☐	
Bequeme, zum konzentrierten Arbeiten einladende Sitzgelegenheiten.	☐	
Jeder kann jeden gut sehen?	☐	
Ablage für Waffen und Handys vorhanden?	☐	
Die Kosten für die Raummiete sind akzeptabel?	☐	
Ist der Raum für die gesamte Dauer der Besprechung verfügbar?	☐	

Noch zu treffende Maßnahmen:

Vorbereitung III

»Treten Sie nur ein!«

»Ist das mit den Handys ernst gemeint?«

»In alten amerikanischen Gangsterfilmen können Sie sehen, dass bei Treffen der Gangsterbosse auf neutralem Gebiet vor Betreten des Raumes brav die Waffen abgelegt wurden. Nur so war gewährleistet, dass ohne größere Zwischenfälle erfolgreich verhandelt werden konnte.«

Besprechung am:

Wie beurteilen Sie die Technik für die geplante Besprechung?

	Gewährleistet	Noch zu besorgen
Overheadprojektor, Beamer, Laptop, TV, Videogerät samt Anschlüsse vorhanden?	☐	
Pinwände, Moderationsmaterial (Stifte, Karten etc.) vorhanden?	☐	
Flipchart, Papier und Stifte vorhanden?	☐	
Unterlagen, Schreibpapier, Stifte für Teilnehmer und Gäste vorhanden?	☐	
Digitalkamera für die Protokollierung von Plakaten vorhanden?	☐	

Noch zu treffende Maßnahmen:

Besprechung am:

Der Mensch lebt nicht nur von geistiger Anstrengung allein!

	Gewähr-leistet	Noch zu besorgen
Kaffee, Tee, Kaltgetränke, Geschirr, Gläser, Flaschenöffner vorhanden?	☐	
Obst, Kekse oder Ähnliches vorhanden?	☐	
Eventuelle Bewirtung in der Mittagspause vorgesehen?	☐	
Zum erfolgreichen Abschluss des Tages: Sekt, Selters oder Milch vorgesehen?	☐	
Kommen auch die letzten beiden Raucher unseres Unternehmens auf ihre Kosten, ohne die anderen zu stören?	☐	

Noch zu treffende Maßnahmen:

Einladung und Unterlagen an die Teilnehmer

Was kommt in die Einladung zu einer Besprechung? Was sollten Sie beachten, wenn Sie mit der Einladung auch Unterlagen zur Vorbereitung verschicken?

Zu manchen Besprechungen wird nicht besonders eingeladen, man trifft sich auf dem Flur und setzt sich zusammen. Bei telefonischen Einladungen bekommt der Einladende sofort eine Rückmeldung und kann aufkommende Fragen klären. Über die eigene Datenkommunikation kann der Termin direkt in den Kalender potentieller Teilnehmer eingetragen werden. Wer sich nicht mehr meldet, erscheint zum Treffen.

Und letztlich kann schriftlich eingeladen werden, per Brief oder E-Mail. Damit stellen Sie sicher, dass alle Eingeladenen über dieselbe Information zur Besprechung verfügen und dass zumindest sämtliche organisatorischen Fragen im Vorfeld geklärt sind. Je nachdem, wie ausführlich Sie inhaltlich vorab informieren wollen, können Sie auf die Motivation und das Interesse der Teilnehmer einwirken.

Und noch eine Anregung: Manche Besprechungsleiter sprechen auch zu Routinebesprechungen eine Einladung aus, selbst wenn diese nur schnell mündlich oder telefonisch erfolgt oder über elektronische Post knapp formuliert wird. Sie signalisieren den Teilnehmerinnen und Teilnehmern, dass Sie auch mit dieser Sitzung ein besonderes Ziel verfolgen und sie nicht einfach nur abgehalten wird, weil wieder einmal Montag 09:00 Uhr ist.

Die folgenden Checklisten bieten eine Fülle von Anregungen, aus denen Sie die für Sie wichtigen Punkte auswählen können.

Besprechung am:

In die Einladung an die Teilnehmer aufzunehmen:	Steht fest	Muss ich noch überdenken/ ausformulieren
Termin der Besprechung / Datum	☐	☐
Beginn	☐	☐
Voraussichtliches Ende	☐	☐
Ort, Raum, Erreichbarkeit, Parkmöglichkeiten	☐	☐
Telefonische Erreichbarkeit am Besprechungsort (Hinweis auf die Handy-Regelung während der Besprechung)	☐	☐
Besprechungsleiter	☐	☐
Teilnehmer und Gäste (auch bei zeitweiser Teilnahme)	☐	☐
Thema der Besprechung oder Tagesordnung	☐	☐
Ziele der Besprechung oder der einzelnen TOP*	☐	☐
Hinweise auf Vorabmaterial mit Begründung für dessen Einsatz	☐	☐
Hinweise, warum und wie sich auf bestimmte Punkte vorzubereiten ist**	☐	☐
Bitte um Teilnahmebestätigung	☐	☐
Hinweise zur Kleiderordnung (wenn notwendig)	☐	☐
Hinweise zur Art des Protokolls und zum Protokollführer	☐	☐
Möglicherweise einige Sätze, die zur sorgfältigen Vorbereitung motivieren können	☐	☐
Und vielleicht einige Sätze, die dazu führen, dass die Eingeladenen sich auf die Sitzung freuen	☐	☐

* So formuliert, dass die Teilnehmer genau wissen, worum es Ihnen in der Besprechung geht und was von ihnen selbst erwartet wird.

** Wichtig für Personen, mit denen ein aktiver Part abgesprochen wurde.

Besprechung am:

Wenn Sie sich entscheiden, an die Teilnehmer einer Besprechung zur Vorbereitung Unterlagen zu verschicken, dann sollten ...	Gewährleistet	Muss ich noch tätig werden
... diese nicht sehr umfangreich sein, sonst liest sie keiner (ca. 3–5 Seiten).	☐	☐
... diese nicht allzu lange vor der Besprechung verschickt werden, sonst werden sie erst einmal beiseite gelegt und dann vergessen (also ca. 1–2 Wochen vorher).	☐	☐
... diese nicht allzu knapp vor der Besprechung verschickt oder verteilt werden, sonst kommt keiner dazu, sie zu lesen.	☐	☐
... Sie sich überlegen, wie Sie Ihre Teilnehmer motivieren können, diese Unterlagen zu lesen. Leitfrage: »Welchen Nutzen bringt die Lektüre?«	☐	☐
... Sie sich letztlich doch noch einmal kritisch prüfen, ob die Unterlagen vorher verschickt werden müssen oder ob es nicht andere Möglichkeiten der Vorbereitung auf die Sitzung gibt: Telefonate, E-Mail, Kaffeeküchengespräche, Kurzpräsentation zu Beginn der Sitzung etc.	☐	☐
... diese möglichst lesefreundlich gestaltet sein: Übersichten, Schaubilder, Grafiken, Stichworte, Bilder.	☐	☐

Eventuell notwendige Maßnahmen:

Vorbereitung IV: Anfangen und abschließen

Wie strukturieren Sie den Ablauf Ihrer Besprechung?

Sie beginnen mit dem »Beginn vor dem Beginn«, dann kommt die Begrüßung, dann vielleicht die persönliche Vorstellung des Leiters und dann munter weiter. Also: Wie fangen Sie an und was geschieht danach? Zu guter Letzt: Wie gestalten Sie einen guten Schluss? Gesamtcheckliste am Ende des Kapitels!

In der Praxis lassen sich viele Möglichkeiten beobachten, eine Sitzung zu eröffnen, durchzuführen und zu beenden. Die meisten Besprechungsleiter entwickeln im Laufe der Zeit ihre ganz individuellen Vorgehensweisen. Häufig wurden diese wieder von Vorgesetzten oder von anderen Kollegen übernommen. Sie haben sich mehr oder weniger bewährt, werden jedoch selten hinterfragt oder bewusst verändert.

Sie erhalten in diesem Kapitel ein umfangreiches und ausführliches Phasenmodell für den Einstieg, den Hauptteil und den Schluss einer Besprechung. Es soll Ihnen als Vorlage für die Vorbereitung der eigenen Meetings dienen und muss daher an Ihre Praxis angepasst, das heißt beispielsweise gekürzt oder in der Reihenfolge geändert werden.

Überlegen Sie daher auf den nächsten Seiten einmal, welche der einzelnen Anregungen für Ihren Besprechungsalltag interessant sind und – wie auch immer von Ihnen verändert – übernommen werden sollten.

INFO

Gesamtübersicht: Phasenmodell einer Besprechung

Einleitung	Hauptteil	Abschluss
»Der Beginn vor dem Beginn« **Begrüßung** • Begrüßung der Teilnehmer • Persönliche Vorstellung des Leiters • Vorstellung der Teilnehmer • Organisatorische Hinweise **Zielorientierung und Ablauf** • Anlass der Sitzung • Thema, Ziel sowie Rollen der Beteiligten • Protokollant festlegen, Art des Protokolls vereinbaren **Erwartungen der Teilnehmer** **Spielregeln**	**Für jeden TOP Ziel und Vorgehensweise festlegen** **In der Sitzung zu erreichen** • *Informieren* • *Informationen austauschen* • *Problem beschreiben* • *Lösungsvorschläge diskutieren* • *Konsens herstellen* • *Wir-Gefühl schaffen* • *Entscheidungen treffen* • *Maßnahmen koordinieren*	**Aktionsplan, Maßnahmenplan** **Abgleich der Erwartungen** **Rückschau** **Verabschiedung**

Einleitung 1: »Der Beginn vor dem Beginn«

Es gibt Besprechungsleiter, die auf jeden Fall vor den ersten Teilnehmern im Raum sind. So können Sie die Ankommenden empfangen, persönlich begrüßen, erste Gespräche führen und ein Gefühl für die Stimmung in der Gruppe bekommen.

Es gibt aber auch Leiter, die kommen grundsätzlich als Letzte ungefähr eine Minute vor dem offiziellen Beginn und inszenieren einen scheinbar vollständig auf die Sache konzentrierten schnellen Anfang: »Guten Tag meine Damen und Herren, ich sehe, dass die Zeit fortgeschritten ist, lassen Sie uns anfangen ...«

☐ **Für mich relevant** ☐ **Nicht relevant**

Anregungen für meine nächste Sitzungsleitung:

Einleitung 2: Begrüßung

Begrüßung der Teilnehmer: Mit Ihren ersten Sätzen tragen Sie viel zur Gestaltung der Atmosphäre bei. Sie können beispielsweise Zeitdruck vermitteln, Unruhe, Nervosität, aber auch Gelassenheit, Konzentration auf die Themen und Wertschätzung der Gruppe gegenüber.

- Eröffnen Sie kurz und freundlich mit einfachen Sätzen.
- Vermeiden Sie Floskeln, wie beispielsweise »Es ist mir ein besonderes Vergnügen, auch die Kollegen aus der Abteilung ...« oder »Wie Sie wissen, haben wir wenig Zeit, daher ...«
- Zeigen Sie eine freundliche Mimik, blicken Sie in die Runde und nehmen Sie dabei Blickkontakt zu allen Anwesenden auf.

☐ **Für mich relevant** ☐ **Nicht relevant**

Anregungen für meine nächste Sitzungsleitung:

Persönliche Vorstellung des Leiters: Natürlich müssen Sie sich nur vorstellen, wenn es einzelne Teilnehmer gibt, die Sie nicht kennen. Dann sollten Sie auch begründen, warum Sie sich vorstellen. Wenige Sätze zu Ihrer Person und Aufgabe im Unternehmen genügen. Stellen Sie kurz dar, was Sie mit den Inhalten der heutigen Besprechung zu tun haben. Wenn Sie sich in der Runde zuerst vorstellen, unbedingt kurz fassen, damit Sie nicht das Vorbild für ausschweifende Profilierungskünste anderer Teilnehmer werden.

Es gibt Besprechungsleiter, die vor ihnen unbekannten Teilnehmern auch persönliche Themen einbauen, um ein erstes Angebot für eine stabile Beziehung zu machen. Das könnten sehr kurze Anmerkungen zur eigenen Familie sein, zur Herkunft oder zu Gefühlen ausgelöst durch aktuelle, allen bekannte Ereignisse.

☐ **Für mich relevant** ☐ **Nicht relevant**

Anregungen für meine nächste Sitzungsleitung:

Vorstellung der Teilnehmer: Die Vorstellungsrunde der Teilnehmer sollten Sie nur durchführen, wenn sich mehrere Teilnehmer untereinander nicht kennen. Begründen Sie, warum Sie die Vorstellungsrunde durchführen. Weisen Sie darauf hin, dass es sich um ein erstes Kennenlernen handelt, sich daher alle kurz fassen sollen. Manchmal hilft der Hinweis: »Bitte maximal eine Minute pro Person.«

Sie können inhaltliche Vorschläge zur Runde machen, indem Sie bitten, dass jeder nur seinen Namen nennt. Sie können auch um eine spezifische Vorstellung bitten, beispielsweise: »Stellen Sie sich kurz mit Namen vor und sagen Sie dann, in welcher Abteilung Sie arbeiten und seit wann Sie im Unternehmen sind.«

Wichtig: In dieser frühen Phase des Treffens möglichst keine inhaltliche Diskussion eines späteren Themas »anzetteln«. Also nicht: »Stellen Sie sich vor und erzählen gleich, was Sie von einem Projekt zur Leistungsverbesserung in unserem Unternehmen halten.« Sie laufen Gefahr, dass eine kontroverse Diskussion beginnt und die ganze Sitzung in eine ungewünschte Richtung verläuft.

Alternative: Sie stellen als Besprechungsleiter die Teilnehmer kurz mit Namen und Funktion vor und begründen, warum Sie die Einzelnen zu dieser Sitzung eingeladen haben.

☐ **Für mich relevant** ☐ **Nicht relevant**

Anregungen für meine nächste Sitzungsleitung:

Organisatorische Hinweise: Sagen Sie nun alles, was Sie zu Beginn der Besprechung unbedingt noch zu Zeiten, Pausen, Getränken oder den Räumlichkeiten vermitteln wollen.

Handy-Regelung: Beispielsweise dürfen nur die Geräte eingeschaltet bleiben, deren Besitzer aus zwingend dienstlichen Gründen erreichbar bleiben müssen (beispielsweise Sicherheitsingenieure, Bereitschaftsdienst), alle anderen schalten ihre elektronischen Spielzeuge aus (wenn es denn so einfach wäre ...).

Schließen Sie ab mit: »Wer hat zu Zeiten und Organisation noch Fragen?« Wenn sich jetzt niemand meldet, haben sich alle verpflichtet, tapfer bis zum Ende der Veranstaltung durchzuhalten. Damit ist die Zeit vereinbart.

☐ **Für mich relevant** ☐ **Nicht relevant**

Anregungen für meine nächste Sitzungsleitung:

Einleitung 3: Zielorientierung und Ablauf

Anlass der Sitzung: Als Besprechungsleiter stellen Sie mit wenigen Worten den Anlass für die Besprechung vor. Was hat dazu geführt, dass Sie diese Sitzung heute einberufen wollten? Die Wichtigkeit der Besprechung hervorheben und begründen. So fördern Sie die Motivation für eine engagierte Beteiligung.

Auch bei Routinesitzungen wie wöchentliche Abteilungsbesprechungen, den Anlass vorstellen. Es soll ja nicht der Eindruck entstehen, man treffe sich nur um des Treffens willen; beispielsweise: »Ich hatte die regelmäßige Runde ja auch deshalb eingeführt, damit wir aufkommende Probleme in unserer Abteilung schon im Vorfeld erkennen, ansprechen und diskutieren können. Aus diesem Grunde ist mir das heutige Treffen besonders wichtig, weil ich mit Ihnen ...«

☐ **Für mich relevant** ☐ **Nicht relevant**
Anregungen für meine nächste Sitzungsleitung:

Für den Fall, dass die Besprechung nicht mehrere TOP, sondern nur ein Thema umfasst, Folgendes:

Thema der Besprechung, Ziel und Rollen der Beteiligten: Nennen Sie ausdrücklich noch einmal das Thema der Sitzung. Sie geben damit ein gemeinsames Motto vor, über das auch nach der Sitzung noch gesprochen werden kann – alle wissen später genau, was beispielsweise unter der Formel »Neukunden für Pandora« zu verstehen ist.

Stellen Sie vor, was Sie in der Sitzung erreichen wollen, nennen Sie das beabsichtigte Ergebnis einer erfolgreichen Behandlung des Themas. Begründen Sie, warum Sie dieses Ziel erreichen wollen. Nach Vorstellung Ihres Zieles sollte jeder der Anwesenden wissen, was genau am Ende der Besprechung erreicht werden soll.

Machen Sie deutlich, welche Rolle die Anwesenden bei der Zielerreichung spielen, beispielsweise so: »Ich möchte mit Ihnen zusammen möglichst viele interessante Kundengruppen für unsere Datenbank bestimmen ... Ich erhoffe mir von Ihnen, dass Sie Ihre Erfahrungen, Bedenken, Zweifel ... Ich möchte, dass Sie in der nächsten Stunde ...«

Gelegentlich macht es Sinn, dass der Besprechungsleiter auch seine eigene Rolle während der Besprechung offenlegt, beispielsweise so: »Ich werde mich an der Suche nach neuen Kundengruppen beteiligen und bin gespannt, zu welchen gemeinsamen Ergebnissen wir kommen.« Oder: »Ich habe mir zu diesem Punkt noch keine abschließende Meinung gebildet, bin also im Moment noch für Ihre Anregungen offen und werde in dieser Sitzung überwiegend moderierend tätig sein.«

☐ **Für mich relevant** ☐ **Nicht relevant**

Anregungen für meine nächste Sitzungsleitung:

»Wenn ich dieses letzte Beispiel höre, dann fallen mir ungute Erlebnisse ein. Ich habe mal eine Besprechung erlebt, in der der Leiter, der gleichzeitig Vorgesetzter war, ganz auf offen gemacht hat, seine Entscheidung stand jedoch schon fest. Der wollte der Gruppe lediglich das Gefühl geben, mitbestimmen zu können, was aber in Wirklichkeit gar nicht der Fall war.«

»Die Situation, die Sie schildern, gibt es wirklich. Leider nur allzu oft. In den meisten Fällen merken die Teilnehmer natürlich, wohin die Reise gehen soll und verhalten sich entsprechend. Da wäre es vom Vorgesetzten ehrlicher, die Gruppe zusammenzurufen und seine schon getroffene Entscheidung mitzuteilen und zu begründen. Auch das kann Ziel einer Sitzung sein. Uns ist wichtig, dass Sie sich als Leiter einer Besprechung völlig darüber im Klaren sind, was Ihre Teilnehmer zu leisten haben und wie Ihr eigener Part in der Sitzung aussehen soll.

- *Wollen Sie beispielsweise leiten, ohne inhaltlich einzugreifen?*
- *Oder wollen Sie sich inhaltlich als Gleicher unter Gleichen engagieren?*

Sie haben natürlich noch weit mehr Möglichkeiten, wie Sie als Leiter agieren können. Sie sollten nur wissen, was Sie wollen und dies unserer Meinung nach auch offen kommunizieren. Dann wissen die Anwesenden, woran sie sind und können zielgerichtet mitarbeiten.«

Für den Fall, dass die Besprechung mehrere Tagesordnungspunkte hat, gilt Folgendes:

Ablauf der Sitzung, Tagesordnungspunkte, Zeiten: Stellen Sie die Reihenfolge der TOP vor und begründen Sie, warum Sie für jeden Punkt wieviel Zeit eingeplant haben. Sie schaffen dadurch Transparenz über Ihre Vorgehensweise und beteiligen die Gruppe daran, den Zeitplan einzuhalten.

Fragen Sie die Gruppe, ob es zu dieser Reihenfolge und Zeitplanung Fragen gibt. Verhindern Sie jedoch, dass jetzt schon inhaltlich diskutiert wird. Es geht ausschließlich darum, das Gesamtprogramm für alle Beteiligten transparent zu machen und gemeinsam zu vereinbaren.

Unser Tipp: Stellen Sie den Ablauf von sehr langen Sitzungen mit den geplanten Zeiten für alle sichtbar dar, beispielsweise auf einem Flipchart. Jeder Teilnehmer kann permanent erkennen, was schon erreicht wurde, was noch zu leisten ist. So haben auch die Gruppenteilnehmer selbst die Möglichkeit untereinander auf das Einhalten des Zeitplanes hinzuwirken. Wenn Sie auf diese Visualisierung auch die Ziele aufnehmen, kann die Gruppe sogar noch Mitverantwortung für Zielorientierung und -steuerung übernehmen.

☐ **Für mich relevant** ☐ **Nicht relevant**

Anregungen für meine nächste Sitzungsleitung:

Protokollant festlegen, Art des Protokolls absprechen: Klären Sie, wer das Protokoll erstellt und was es enthalten soll. Bei regelmäßig stattfindenden Sitzungen erleichtert es die Suche nach dem Protokollanten, wenn es eine feste Reihenfolge gibt. Jeder weiß, wann er an der Reihe ist und kann sich darauf einstellen (vgl. S. 140ff.).

☐ **Für mich relevant** ☐ **Nicht relevant**

Anregungen für meine nächste Sitzungsleitung:

Einleitung 4: Erwartungen der Teilnehmer

Die Teilnehmer einer Sitzung haben Erwartungen an das, was dort geschehen soll. Zwar hört man gelegentlich auch die Aussage: »Ich habe keine Erwartungen, ich warte ab, was kommt«. Auch das ist häufig nur eine Umschreibung der Erwartung, »in den nächsten Minuten vor allem vom Besprechungsleiter etwas Interessantes geboten zu bekommen«.

Besonders in Workshops oder längeren Besprechungen, in denen über mehrere Stunden hinweg etwas erarbeitet werden soll, kann es sinnvoll sein, die Erwartungen der Anwesenden transparent zu machen. Dies hilft allen Beteiligten zu verstehen, wofür sich die Einzelnen engagieren. Dadurch kann ein offener Meinungsaustausch gefördert werden. Jeder kann erkennen, wo es Überschneidungen mit den eigenen Erwartungen gibt: »Ich bin in diesem Punkt nicht allein, es gibt andere, denen geht es genauso«. Und es wird sichtbar, wo es Minderheitenerwartungen gibt, mit denen sich die Gruppe beschäftigen muss.

Für den Besprechungsleiter ist diese Runde wichtig, weil er erkennen kann, inwieweit die Erwartungen in der Gruppe die Zielerreichung unterstützen und wo er eventuell noch zusätzliche Informationen nachliefern muss. Beispielsweise wenn in der Abfrage unrealistische Erwartungen zu Tage treten. Wenn es ein eindeutiger Auftrag an die Sitzungsteilnehmer ist, Verkaufsargumente für die Datenbank Pandora zu entwickeln, dann kann eine Erwartungsäußerung wie: »Ich möchte hier Sinn und Notwendigkeit dieser neuen Datenbank einmal grundsätzlich diskutieren« nicht unwidersprochen stehenbleiben. Sie können als Leiter zu Beginn des TOP vielleicht noch einmal in wenigen Minuten Beweggründe für die Datenbank darstellen – das ist aber auch das Maximum, wie Sie dieser Erwartung im Rahmen der vorgesehenen Sitzung nachkommen können.

Werden die Erwartungen zu Beginn der Sitzung geäußert, sollte der Besprechungsleiter am Ende einen Erwartungsabgleich vornehmen und die Teilnehmer sich dazu äußern lassen, inwieweit die Erwartungen erfüllt wurden (s. S. 67).

☐ **Für mich relevant** ☐ **Nicht relevant**

Anregungen für meine nächste Sitzungsleitung:

»Wenn ich an meine Abteilungsbesprechung morgen denke, bin ich mir noch unsicher, ob ich da die Erwartungen meiner Mitarbeiterinnen und Mitarbeiter abfragen soll. Ich glaube nicht, dass deren Veröffentlichung etwas zum Gelingen der Diskussion beitragen wird. Anders sieht es in der nächsten Woche aus: Wenn ich mich mit Kollegen und den externen Beratern zusammensetzen werde, kann es sinnvoll sein, dass jeder einmal kurz darstellt, was er sich von dieser Sitzung erhofft. Dann wissen die Berater, was sie von uns zu erwarten haben, und wir kennen die Vorstellungen und das Denken der Berater.«

»Dieser Gedanke leuchtet mir ein. Eine Erwartungsabfrage macht wirklich nur Sinn, wenn die gegenseitige Veröffentlichung den anschließenden Arbeitsprozess transparenter, vielleicht auch einfacher, und effektiver gestaltet. Wenn Sie den Eindruck haben, dass dies nicht der Fall ist, dann verzichten Sie auf diese Phase in Ihrer Veranstaltung.«

Einleitung 5: Spielregeln, Arbeitsregeln (siehe auch S. 102)

Wenn Sie sich für die Sitzung Regeln überlegt haben, die den Umgang der Gruppenmitglieder untereinander unterstützen sollen, visualisieren Sie diese Regeln und begründen Sie, warum Sie Regeln für sinnvoll halten und warum Sie gerade diese vorschlagen.

Manche Leiter bieten besprechungserfahrenen Gruppen an, gemeinsam sinnvolle, wirksame und erfolgversprechende Spielregeln zu erarbeiten. Dies erhöht die Chance, dass sich viele auch an diese Regeln halten, das Erarbeiten kostet jedoch etwas Zeit.

Manche Leiter bieten erst in Konfliktsituationen während der Besprechung Spielregeln an, oder erarbeiten diese dann gemeinsam mit der Gruppe, um ein an der Sache orientiertes zielgerichtetes Weiterarbeiten zu fördern.

☐ **Für mich relevant** ☐ **Nicht relevant**

Anregungen für meine nächste Sitzungsleitung:

Hauptteil: Die Behandlung der einzelnen Tagesordnungspunkte

Hat eine Besprechung mehrere TOP, kann jedes Thema wie folgt behandelt werden:

- Nennen Sie ausdrücklich das Thema, das an der Reihe ist.
- Begründen Sie kurz, warum Sie dieses Thema mit den anwesenden Teilnehmern behandeln wollen. Leitfrage: »Was ist der Anlass für die Beschäftigung mit diesem TOP?«
- Nennen Sie ausdrücklich das Ziel, auf das hin dieser TOP behandelt werden soll. Leitfrage: »Wenn die Bearbeitung des TOP abgeschlossen ist, wie sieht dann das Ergebnis bzw. Produkt aus?«
- Nennen Sie Ihre Erwartungen an die Gruppe. Leitfragen: »Welche Aufgabe hat die Gruppe bei der Bearbeitung des TOP? Was erwarte ich mir von den Anwesenden?«
- Nennen Sie den Zeitbedarf, den Sie für die Behandlung des TOP eingeplant haben. Leitfrage: »Wie lange wird die Behandlung des TOP ungefähr in Anspruch nehmen?«
- Stellen Sie mit wenigen Sätzen dar, wie Sie vorgehen wollen. Leitfrage: »Mit welchen Arbeitsschritten soll das Thema von mir und der Gruppe behandelt werden?«

- Sorgen Sie – wenn nötig – für ausreichende Hintergrundinformationen zum Thema. Informieren Sie selbst oder beauftragen Sie jemand anderen (Zeit zur Vorbereitung ermöglichen!). Leitfrage: »Was müssen die Anwesenden noch wissen, um das Thema bearbeiten zu können?«
- Starten Sie mit der Behandlung des TOP, sorgen Sie mit Fragen, Wiederholungen des in der Gruppe Gesagten oder Zusammenfassungen dafür, dass zielgerichtet am Thema gearbeitet wird. Unsere Erläuterungen und Empfehlungen dazu finden sich in den folgenden Kapiteln.
- Schließen Sie die Behandlung des TOP mit einer Zusammenfassung der Ergebnisse und der getroffenen Vereinbarungen bzw. Maßnahmen ab. Überlegen Sie dabei auch, was konkret in das Protokoll aufgenommen werden soll.

Für den Fall, dass die Besprechung nur ein Thema, also einen Tagesordnungspunkt hat, wird sich der hier vorgestellte Ablauf mit dem Punkt Thema der Besprechung und Ziel sowie Rollen der Beteiligten in der Einleitung überschneiden. Diese teilweise Wiederholung kann durchaus gewünscht sein, wenn es Ihnen beispielsweise besonders darauf ankommt, dass das Ziel von allen Anwesenden verstanden und befürwortet wird.

☐ **Für mich relevant** ☐ **Nicht relevant**

Anregungen für meine nächste Sitzungsleitung:

»Wenn ich mir das so anschaue, sind das insgesamt sechs Punkte nur für die Einleitung in einen TOP. Ist das nicht ein bisschen umständlich und viel zu viel?«

»Der Eindruck kann entstehen, wenn man sich die einzelnen Punkte so getrennt durchliest. In der Praxis und mit etwas Übung geht das jedoch sehr zügig. Und bei vielen Besprechungsleitern merkt man während ihrer präzisen und knapp gehaltenen Einführung

in einen TOP gar nicht mehr, wie viele Überlegungen und sorgfältige Vorbereitung hinter den wenigen Sätzen stecken. Es bleibt den Zuhörern nur das Gefühl, dass sie umfassend in das Thema eingeführt werden. Genau darum geht es! Sie sollen mit wenigen Worten sagen, was ansteht, warum es ansteht, in welche Richtung gearbeitet werden soll, wie diese Arbeit aussehen soll, wie lange Sie arbeiten wollen und was Sie von den Teilnehmern erwarten. Sie sollen also zielgerichtet kommunizieren.«

Abschluss 1: Aktionsplan / Maßnahmenplan

In der Praxis sind viele Besprechungen plötzlich zu Ende und keiner der Beteiligten weiß so recht, wie es nun weitergeht. Der eine oder andere möchte es vielleicht auch gar nicht wissen: *»Nur schnell weg hier, bevor ich noch etwas machen muss«*. Daher gilt: Am Ende einer jeden Sitzung, Besprechung oder Gruppenarbeit muss über einen Aktionsplan nachgedacht werden. Es geht um folgende Fragen: Welche Schritte werden im Anschluss an die Sitzung angegangen? Wer macht was, bis wann, mit welcher bzw. wessen Unterstützung?

Besteht die Besprechung aus mehreren TOP, schließt die Behandlung eines jeden TOP mit einem spezifischen Maßnahmenplan ab. In der Schlussphase der gesamten Sitzung geht es dann nur noch darum, einen Gesamtüberblick zu erhalten und die Realitätsnähe aller getroffenen Maßnahmen in ihrem Zusammenhang zu beurteilen. Beispielsweise ist zu prüfen, ob Einzelne nicht zu viele Aufgaben übernommen haben, manche Termine zu eng gesetzt wurden, bestimmte Maßnahmen voneinander abhängen und zeitlich neu geplant werden müssen. Bei Maßnahmen, die sich über einen längeren Zeitraum erstrecken, hat es sich als hilfreich erwiesen, einen »Paten« zu benennen, der die einzelnen Verantwortlichen immer wieder einmal an das Umsetzen der vereinbarten Vorhaben erinnert und mit ihnen über Zwischenziele und Termine spricht.

Der Aktionsplan sollte immer schriftlich festgelegt sein und kann, auf eine Seite zusammengefasst, die erste Seite des Protokolls darstellen.

☐ **Für mich relevant** ☐ **Nicht relevant**

Anregungen für meine nächste Sitzungsleitung:

Abschluss 2: Abgleich der Erwartungen

Wenn zu Beginn einer Arbeitssitzung die Erwartungen der Teilnehmer abgefragt wurden, dann sollte zum Schluss der Veranstaltung noch einmal darauf Bezug genommen werden. Die Arbeitsfragen dazu:

- »Welche Erwartungen wurden erfüllt?«
- »Welche Erwartungen wurden nicht erfüllt?«
- »Was gibt es aus Sicht der Einzelnen daraufhin noch zu tun?«

Jeder Besprechungsteilnehmer kann für sich prüfen, inwieweit seine Erwartungen erfüllt wurden und was er dazu während der Sitzung getan oder unterlassen hat. Und er kann ebenfalls prüfen, was er jetzt oder im Anschluss an die Sitzung vielleicht tun muss, um noch »auf seine Kosten« zu kommen.

Dem Besprechungsleiter hilft dieser Abgleich zu klären, inwiefern seine methodische Begleitung zum Erfüllen der Erwartungen beigetragen hat und wo nicht. Daraus kann er für sein zukünftiges Vorgehen lernen. Zudem bekommt er ein erstes Gefühl dafür, wie eventuell enttäuschte Erwartungen die Umsetzung gefasster Beschlüsse behindern und wie erfüllte Erwartungen die Umsetzung befördern können.

☐ **Für mich relevant** ☐ **Nicht relevant**

Anregungen für meine nächste Sitzungsleitung:

Abschluss 3: Rückschau

Fragen an Teilnehmer und Besprechungsleiter für eine kurze Rückmelde-Runde:

- Wie zufrieden sind wir bzw. bin ich mit den Ergebnissen der Besprechung?
- Wie zufrieden sind wir bzw. bin ich mit dem Arbeitsprozess in der Besprechung?
- Was lief in dieser Besprechung gut?
- Was soll beim nächsten Mal vielleicht anders gemacht werden?

Dieses Vorgehen dürfte manchen Leserinnen und Lesern ungewöhnlich und vielleicht praxisfremd erscheinen. Es ist jedoch eine sinnvolle Möglichkeit, in der Rolle als Leiter oder Teilnehmer immer erfahrener und sicherer zu werden. In Schulungen und im Besprechungscoaching wird regelmäßig mit derartigen Rückmeldungen gearbeitet. Und so mancher überträgt die dort gelernte »Rückmeldekultur« auch auf seine Praxis. Natürlich sollte man auch etwas Zeit einplanen, und etwas Vertrauen zwischen allen Teilnehmern fördert diese Runde, damit so eine »Manöverkritik« nicht als künstlich und für alle etwas peinlich missverstanden wird.

☐ **Für mich relevant** ☐ **Nicht relevant**

Anregungen für meine nächste Sitzungsleitung:

Abschluss 4: Verabschiedung

»Auch die Art der Verabschiedung ist häufig eine Frage der Besprechungskultur in Organisationen. Manchmal ist das »Auf Wiedersehen« noch gar nicht zu Ende gesprochen, da laufen schon alle los, werfen ihre Handys an und verschicken im Geiste die nächste SMS oder E-Mail. Man hört aber auch schon einmal: »Wer geht noch mit einen

Kaffee trinken und kann mir mal erzählen ...« Zwischen diesen Polen liegen wahrscheinlich noch sehr viele Möglichkeiten.«

»Und was empfehlen Sie persönlich?«

»Wie immer Sie den Schluss gestalten, sorgen Sie dafür, dass Ihnen bis zum letzten Wort aufmerksam zugehört wird. Es ist Ihre Veranstaltung, in die Sie gut vorbereitet ›eingestiegen‹ sind und auch gut vorbereitet wieder ›aussteigen‹. Lassen Sie Ihre Schlussworte nicht in allgemeiner Unruhe untergehen. Sie bleiben präsenter in Erinnerung, wenn alle wahrnehmen, dass Sie es sind, der die Veranstaltung beendet. Schließen Sie das Treffen für alle sichtbar ab. Nennen Sie das meinentwegen Autorität, die Sie dadurch gewinnen oder Respekt, den Sie für Ihre Leiterrolle einfordern. Leiten heißt auch, einen guten Schluss zu gestalten.

Überlegen Sie sich daher ein paar Sätze. Wichtig dabei: Bleiben Sie ehrlich. Sollten Sie mit der Zusammenarbeit unzufrieden gewesen sein, dann bedanken Sie sich auf keinen Fall für eine tolle Mitarbeit. Menschen spüren derartige Floskeln und machen innerlich Abstriche von Ihrer Leitungskompetenz. Versuchen Sie statt dessen, ein möglichst ehrliches Resümee der Veranstaltung zu ziehen, oder gehen Sie auf einen Punkt ein, der Ihnen besonders am Herzen liegt. Eine mögliche Formulierung: ›Soweit unser heutiges Abteilungstreffen. Mir war wichtig, dass wir im Thema ... weiterarbeiten konnten. Zufrieden bin ich mit ... Die Punkte, an denen ich noch weiterdenken möchte, sind insbesondere ... Ich wünsche Ihnen heute noch ...‹«

☐ **Für mich relevant** ☐ **Nicht relevant**

Anregungen für meine nächste Sitzungsleitung:

Alles auf einen Blick

Besprechung am:

	Habe ich gut vorbereitet	Muss ich noch ausformulieren
»Der Beginn vor dem Beginn«,	☐	☐
Begrüßung der Teilnehmer	☐	☐
Persönliche Vorstellung des Leiters	☐	☐
Vorstellung der Teilnehmer	☐	☐
Organisatorische Hinweise	☐	☐
Anlass der Sitzung / Notwendigkeit vorstellen	☐	☐
Für den Fall, dass die Besprechung nur ein Thema hat: Thema der Besprechung und Ziel sowie Rollen der Beteiligten vorstellen / vereinbaren	☐	☐
Für den Fall, dass die Besprechung mehrere TOP hat: Ablauf der Sitzung, Tagesordnungspunkte, Zeiten vorstellen und/oder vereinbaren	☐	☐
Protokollant festlegen, Art des Protokolls absprechen	☐	☐
Erwartungen abfragen	☐	☐
Spielregeln vorschlagen und vereinbaren	☐	☐
Die TOP im einzelnen behandeln	☐	☐
Aktionsplan / Maßnahmenplan aufstellen	☐	☐
Erwartungen abgleichen	☐	☐
Kurze Rückmelde-Runde zur erlebten Besprechung anbieten und durchführen	☐	☐
Gruppe verabschieden, den Schluss der Sitzung aktiv gestalten	☐	☐

Durchführung I: Auch Leiten kann gelernt werden!

Auch Leiten kann gelernt werden!

»Bisher war mir eigentlich immer klar, was ich in einer Besprechung zu tun habe: Ich sage meinen Leuten, was Sache ist, frage gelegentlich nach deren Meinung und versuche meine Vielredner nicht zu Wort kommen zu lassen. Na ja, manchmal ärgere ich mich auch darüber, dass sich keiner an den roten Faden hält. Ich ertappe mich auch dabei, dass ich gelegentlich abschweife oder mich durch die vielen Wortbeiträge vom Ziel abbringen lasse. So richtig darüber nachgedacht, wie ich als Leiter eine Diskussion im Griff behalten kann, das habe ich noch nicht.«

»Das geht nicht nur Ihnen so. Wir wollen Ihnen daher unterschiedliche Anregungen für Ihre Rolle in der Besprechungsleitung geben.

- *So bieten wir Ihnen an, sich zuerst einmal über die unterschiedlichen Möglichkeiten Gedanken zu machen, wie Sie und die Teilnehmer in der Besprechung zusammenarbeiten können.*
- *Weiter empfehlen wir Ihnen, sich über die Haltung im Klaren zu werden, mit der Sie als Leiter an die Sitzung herangehen.*
- *Als Besprechungsleiter sollten Sie unserer Meinung nach drei Dinge gleichzeitig beherrschen: Sie müssen der Diskussion inhaltlich folgen können, sie methodisch leiten und zudem noch aktiv an der Gestaltung der Beziehungsebene mitwirken.*
- *Und dann haben wir natürlich noch viele Tipps, worauf Sie während der Gesprächsführung in einer Besprechung achten sollten.*
- *Dazu gehören letztlich auch einige Überlegungen zum Thema ›Spielregeln in Besprechungen‹.*

Jeden dieser Abschnitte können Sie für sich lesen. Und Anregungen für Ihre nächste Sitzung erhalten.«

Wer arbeitet: Sie oder die Gruppe – oder doch besser beide?

Als Leiter sollten Sie vor Beginn der Veranstaltung wissen, wie intensiv Sie sich inhaltlich beteiligen wollen und was Sie von den Teilnehmern erwarten. Dies hat Auswirkungen auf die Art der Sitzung, die Sie verantworten. Wir diskutieren vier unterschiedliche Möglichkeiten.

Wenn Sie, liebe Leserin und lieber Leser, einmal an eine typische Besprechung denken, die Sie leiten, oder an eine Sitzung, die sie demnächst leiten werden, wie sehr sind Sie inhaltlich dabei, wie intensiv wollen Sie inhaltlich mitmischen? Oder anders: Wie groß soll der inhaltliche Beitrag sein, den Sie als Leiterin oder Leiter der Besprechung leisten und wie groß soll der inhaltliche Beitrag sein, den die Gruppe leisten soll?

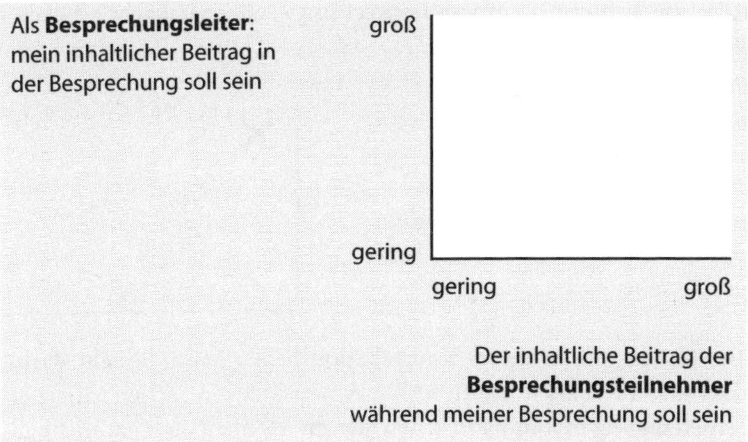

Je nachdem, wie intensiv Ihre und die Teilnahme der Gruppe während der Besprechung sein soll, wird das massive Auswirkungen auf Ihr Leiterverhalten haben. Es ist hilfreich, sich vor der Übernahme einer Besprechungsleitung sowie während der Sitzung darüber im Klaren zu sein und entsprechende Konsequenzen zu ziehen:

Situation 1: Sowohl Ihr eigener als auch der inhaltliche Beitrag der Gruppe sollen gering sein.

Hier scheint die Lage relativ einfach: Sind Sie sich sicher, dass diese Besprechung überhaupt notwendig ist? Handelt es sich bei Ihrem Vorhaben vielleicht um ein rein soziales Ereignis, bei dem es nicht darauf ankommt, dass ein inhaltliches Ziel erreicht wird? In diesem Fall besteht Ihre *Leitungsaufgabe* in erster Linie darin, für gute Stimmung zu sorgen. Wichtig in einem solchen Fall: Machen Sie deutlich, welche Funktion diese Veranstaltung hat, damit Enttäuschungen bei denjenigen ausbleiben, die gekommen sind, um engagiert an Inhalten zu arbeiten. Und noch etwas: Nennen Sie diese Veranstaltung auf keinen Fall eine »Besprechung«, eher vielleicht »lockeres Zusammensein«!

Situation 2: Während Sie sich inhaltlich stark engagieren wollen, soll die Beteiligung der Teilnehmer gering sein.

Die Gefahr, die in dieser Konstellation liegen kann, besteht darin, dass sich die Teilnehmer als »Alibi-Anwesende« in Sachen Mitarbeiterbeteiligung missbraucht sehen, die im Moment aber gar nicht gefragt ist: »Man beteiligt uns scheinbar, indem man uns reden lässt, während doch schon alles vorher entschieden wurde«. Derartige Veranstaltungen führen zu Unmut und Motivationsproblemen. Unsere Empfehlung: Spielen Sie mit offenen Karten, verzichten Sie auf Scheindiskussionen, informieren Sie Ihre Mitarbeiter über eventuell schon vorher getroffene Entscheidungen und bieten Sie die Klärung noch offener Fragen an. Sie führen dann eine gut vorbereitete Informationsveranstaltung durch und können sich im Voraus überlegen, in welchem Ausmaß Sie eine Diskussion über die vorgetragenen Inhalte wünschen und anbieten. Vielleicht nennen Sie diese Veranstaltung dann auch treffender »Informationstreffen« oder »Info-Runde«.

Situation 3: Während Sie sich inhaltlich deutlich zurückhalten wollen, soll die Beteiligung der Teilnehmer groß sein.

Für viele Besprechungsleiter bildet diese Situation eine optimale Ausgangslage für das Gelingen der Veranstaltung. Der Vorteil: Der Besprechungsleiter kann sich vollständig darauf konzentrieren, den Arbeitsprozess der Gruppe in Richtung Ziel zu begleiten. Er ist hauptsächlich methodisch engagiert, achtet beispielsweise auf eine klare Zielvereinbarung, darauf dass es möglichst wenig Abschweifungen auf dem Weg zum Ziel gibt, darauf, dass alle zu Wort kommen, dass die Zeit eingehalten wird etc. Sein Hauptaugenmerk gilt der Tatsache, dass sich möglichst alle Teilnehmer engagiert um ein anspruchsvolles Ergebnis bemühen. »Leiten« bedeutet hier, die Gruppe beim Erreichen des Zieles zu unterstützen; beispielsweise mit Fragetechnik oder Visualisierungen. Wir werden noch einmal auf diese Situation zurückkommen, wenn wir uns auf Seite 150 mit den Besonderheiten einer Moderation beschäftigen.

...sprechung denke, dann trifft diese Situation lediglich beim TOP Abteilungsausflug zu. Da werde ich mich inhaltlich ganz heraushalten. Mein Interesse ist nur, dass sich meine Leute in kurzer Zeit auf ein für sie akzeptables Ergebnis einigen. Bei den anderen Themen möchte ich mitreden, ich will aber auch, dass alle Anwesenden ihre Beiträge leisten, vor allem, wenn es um die Sammlung neuer Kundengruppen für unsere Datenbank geht.«

Situation 4: Sowohl Sie als Leiter als auch die Teilnehmer sollen sich an der Besprechung inhaltlich stark beteiligen.

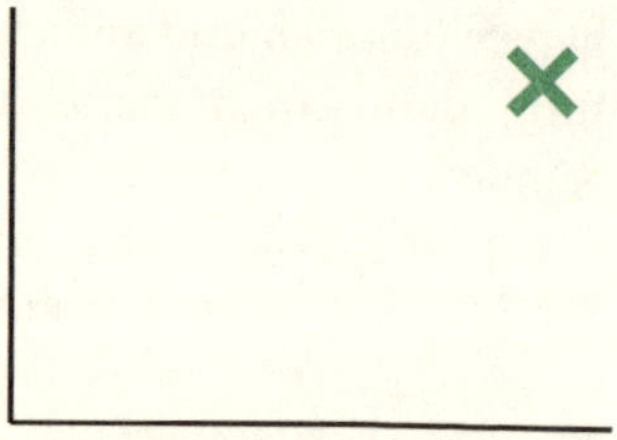

Diese Situation bildet den Alltag in vielen Besprechungen. Der Leiter ist doppelt gefordert: Er will sowohl inhaltlich teilnehmen, muss aber gleichzeitig den Prozess der Besprechung methodisch vorantreiben. Und da liegen eine ganze Menge Fallstricke:

- Besonders unerfahrene Besprechungsleiter engagieren sich so stark in einer inhaltlichen Auseinandersetzung, dass sie ihre methodische Leitungsverantwortung vernachlässigen. Die Diskussion entwickelt sich ziellos, man kommt vom Hundertsten ins Tausendste, der Zeitplan und das gesamte Programm laufen aus dem Ruder.
- Unerfahrene Besprechungsleiter, die sich sehr stark in inhaltlichen Debatten engagieren, verlieren leicht ihr Gefühl dafür, was während der Besprechung auf der Beziehungsebene geschieht. Das Gefühl für die Stimmung in der Gruppe, für latente Konflikte, für zurückgehaltenen Ärger, aber auch für Entspannung und sich anbahnende Annäherungen bisheriger Konfliktpartner geht leicht verloren, wenn es nur noch darum geht, in einer bestimmten Frage inhaltlich überzeugen zu können.

- Es gibt Besprechungsleiter, die versuchen, über methodische Kniffe inhaltliche Vorteile zu erlangen. Dann werden beispielsweise nur die Befürworter der eigenen Ideen an entscheidenden Stellen ausführlich zu Wortbeiträgen gebeten oder es wird je nach Stimmungslage eine Entscheidung gefördert oder vertagt. Natürlich bemerken viele Teilnehmer ein solches Vorgehen. Was ein solcher Leiter diesmal vielleicht in der Sache gewinnt, verliert er gleich wieder, wenn es um seinen Ruf als Leiter zukünftiger Veranstaltungen geht.

»Klingt ganz schön idealistisch dieser Hinweis. Wenn ich jedoch zu Entscheidungen kommen und Mehrheiten organisieren muss, kann dieser Weg gelegentlich die einzige Möglichkeit dazu sein. Ich muss das nur sehr geschickt einfädeln und die richtigen Leute an den richtigen Stellen zu Wort kommen lassen. Das ist zwar nicht ganz im Sinne dieses Buches hier, muss ich dann aber von Fall zu Fall selbst entscheiden.«

- In den Fällen, in denen die gesamte Gruppe vollkommen unerwartet zu einem anderen Ergebnis kommt als ihr Leiter, andere Sichtweisen bevorzugt oder eine andere Entscheidung will, wünscht sich so mancher Vorgesetzte, die Besprechung nie einberufen zu haben. Hätte man sich doch nur vorher überlegt, was im Falle einer abweichenden Meinung zu tun ist. Erfahrene Leiter überlegen sich daher in der Vorbereitung genau, welche Funktion die Gruppe in einer entsprechenden Frage hat und welche nicht. Und wenn die Gruppe die Möglichkeit zur Entscheidung bekommt, dann muss der Vorgesetzte auch mit einem anderen als dem heimlich gewünschten Ergebnis leben können.

Besprechung am:

Wie groß soll der inhaltliche Beitrag sein, den ich als Leiterin oder Leiter in der Sitzung leisten möchte, und wie groß soll der inhaltliche Beitrag sein, den die anderen Teilnehmer leisten sollen?

Als **Besprechungsleiter**: mein inhaltlicher Beitrag in der Besprechung soll sein

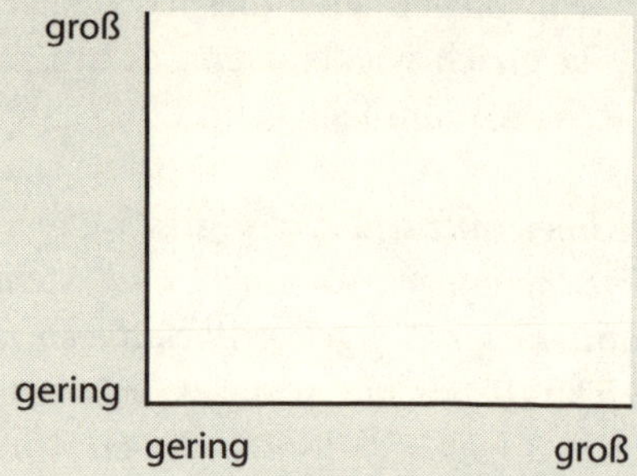

Der inhaltliche Beitrag der **Besprechungsteilnehmer** während meiner Besprechung soll sein

Welche Konsequenzen ergeben sich für meine Vorbereitung?

Sieben »goldene« Einstellungen für ein bewusstes Leiter-Leben

Mit welchen inneren Einstellungen wollen Sie in Zukunft Sitzungen leiten? Und wie war das früher vor der Lektüre dieses Buches? Das folgende Selbst-Assessment kann Ihnen bei der Suche nach der für Sie stimmigen Haltung helfen.

Haben Sie sich, liebe Leserin und lieber Leser, eigentlich schon einmal Gedanken darüber gemacht, mit welcher inneren Haltung Sie bisher eine Sitzung geleitet haben?

Wir meinen, dass Sie Ihre Besprechung unterschiedlich gestalten werden, ja, dass die Sitzung ganz unterschiedlich verlaufen wird, je nachdem mit welcher inneren Haltung Sie in die Sitzung gehen. Es geht uns dabei nicht so sehr um Stimmungen und Launen, die Ihr Leiterverhalten beeinflussen. Es geht eher um grundlegendes Gesprächs- und Leiterverhalten. Beispielsweise darum, ob Sie in eine Diskussion eher mit einer fragenden Haltung hineingehen, mit der Einstellung also, erst einmal alles von den anderen zu erfahren bevor Sie dann die eigene Position darlegen, oder ob Sie diese Diskussion mit der Vorstellung beginnen, die anderen erst einmal gar nicht zu Wort kommen zu lassen und die eigene Position mit allen Einzelheiten und voller Überzeugung in die Runde zu bringen. Erfahrene Leiter sind sich ihrer typischen Muster und Haltungen bewusst und in der Lage, davon abzuweichen und etwas anderes zu probieren.

Überlegen Sie einmal in der folgenden Checkliste, wie Ihnen die jeweils genannte Haltung einleuchtet und ob Sie sich in Zukunft dazu verpflichten können. Und im Vergleich dazu: Wie war das bei früheren Besprechungen? Hatten Sie da auch schon eine solche Einstellung oder eher nicht?

1. In meiner nächsten Besprechung werde ich mich voll und ganz für das Gelingen der Veranstaltung verantwortlich fühlen. Von der Vorbereitung an bis hin zur Durchführung bin ich es, der für das Geschehen verantwortlich ist.

   Ich verpflichte mich in Zukunft dazu

   [5] [4] [3] [2] [1]

   von ganzem Herzen — nur so lala

   Diese Einstellung war früher vorhanden

   [5] [4] [3] [2] [1]

   voll und ganz — eher nicht

2. In meiner nächsten Besprechungsleitung werde ich deutlich trennen zwischen meinen Beiträgen als Leiter der Veranstaltung und denen als gleichberechtigter Diskussionsteilnehmer.

   Ich verpflichte mich in Zukunft dazu

   [5] [4] [3] [2] [1]

   von ganzem Herzen — nur so lala

   Diese Einstellung war früher vorhanden

   [5] [4] [3] [2] [1]

   voll und ganz — eher nicht

3. In meiner nächsten Besprechung werde ich (soweit es sich nicht um eine reine Informationsveranstaltung handelt) so leiten, dass ein von sämtlichen Teilnehmern gemeinsam erarbeitetes und getragenes Ergebnis entsteht.

   Ich verpflichte mich in Zukunft dazu

   [5] [4] [3] [2] [1]

   von ganzem Herzen — nur so lala

   Diese Einstellung war früher vorhanden

   [5] [4] [3] [2] [1]

   voll und ganz — eher nicht

4. In meiner nächsten Besprechung werde ich eine fragende Haltung einnehmen. Ich werde mit Fragen, eigenen Wiederholungen und Zusammenfassungen versuchen, den Arbeitsprozess der Besprechungsteilnehmer zu gestalten und in Richtung Ziel zu führen.

   Ich verpflichte mich in Zukunft dazu

   [5] [4] [3] [2] [1]

   von ganzem Herzen — nur so lala

   Diese Einstellung war früher vorhanden

   [5] [4] [3] [2] [1]

   voll und ganz — eher nicht

5. In meiner nächsten Besprechung werde ich mich um eine stabile und tragfähige Beziehungsbrücke zu allen Teilnehmern bemühen. Ich werde allen mit Wertschätzung gegenübertreten, unabhängig davon, ob ich inhaltlich mit ihren Ansichten übereinstimme oder nicht.

   Ich verpflichte mich in Zukunft dazu

   [5] [4] [3] [2] [1]

   von ganzem Herzen — nur so lala

   Diese Einstellung war früher vorhanden

   [5] [4] [3] [2] [1]

   voll und ganz — eher nicht

6. In meiner nächsten Besprechung werde ich den Diskussionsprozess konsequent an der kurzen Leine führen. Ich werde so früh wie nur möglich in den Diskussionsprozess eingreifen; Abweichungen vom roten Faden lasse ich nicht zu.

   Ich verpflichte mich in Zukunft dazu

   [5] [4] [3] [2] [1]

   von ganzem Herzen — nur so lala

   Diese Einstellung war früher vorhanden

   [5] [4] [3] [2] [1]

   voll und ganz — eher nicht

7. In meiner nächsten Besprechung werde ich den Diskussionsprozess der Teilnehmer eher an einer langen Leine begleiten. Abweichungen vom roten Faden lasse ich zu, um die Kreativität und das Engagement der Teilnehmer nicht zu behindern. In den Diskussionsprozess eingreifen werde ich nur, wenn die Abweichungen das Erreichen des vorgenommenen Ziels gänzlich unmöglich machen.

   Ich verpflichte mich in Zukunft dazu

   [5] [4] [3] [2] [1]

   von ganzem Herzen — nur so lala

   Diese Einstellung war früher vorhanden

   [5] [4] [3] [2] [1]

   voll und ganz — eher nicht

Wenn ich mir das Gesamtbild aller Haltungen anschaue, auf die ich mich für zukünftige Leitungen verpflichtet habe: Zu welcher Einstellung benötige ich noch Informationen, worauf möchte ich beim Lesen der folgenden Kapitel, in denen es um konkretes Leiterverhalten und den Umgang mit kritischen Situationen geht, noch gezielt achten?

Tanzen auf drei Hochzeiten!?

Erfahrene Besprechungsleiter schaffen es, in einer Sitzung drei Dinge gleichzeitig zu meistern: das methodische Vorgehen, die Beziehungsebene sowie die inhaltliche Zusammenarbeit aller Anwesenden. Was meinen Sie, liebe Leserin und lieber Leser, wie gut gelingt Ihnen dieser Tanz auf drei Hochzeiten?

»Ich denke, dass hinter diesen Haltungsfragen, über die ich mir noch nie so richtig Gedanken gemacht habe, ein gewaltiger Anspruch steht. Zum einen muss ich mich methodisch darum kümmern, dass alle Teilnehmer etwas zur Zielerreichung beitragen, zum anderen werde ich wahrscheinlich auch immer wieder inhaltlich gefordert sein und will es natürlich auch. Dann soll ich auch noch lieb und nett auftreten und für gute Stimmung sorgen. Ist das wirklich Ihr Ernst?«

»Sie liegen mit Ihrer Einschätzung goldrichtig. Erfahrene und souveräne Besprechungsleiter entwickeln im Laufe ihres Besprechungsleiterlebens unterschiedliche Kompetenzen, sie tanzen auf drei Hochzeiten:

- *Sie sind methodisch vorbereitet, kennen ihr Ziel und die Wege dahin. In der Besprechung wissen sie jederzeit, wo sich der Arbeitsprozess auf dem Weg zum Ziel befindet. Sie registrieren Abweichungen sehr genau und haben ein feines Gespür dafür, wann sie eingreifen müssen, um neue Impulse zu setzen.*
- *Gleichzeitig wissen sie auch, wann sie ihre eigenen inhaltlichen Beiträge einbringen können und wie sie diese platzieren. Die Hauptkunst besteht darin, bei inhaltlichem Engagement gleichzeitig den Arbeitsprozess nicht aus den Augen zu verlieren.*

- *Als Drittes kommt hinzu: Neben dem Engagement in der Sache und der methodischen Verantwortung achten erfahrene Leiter immer auch auf die Beziehungsebene während einer Besprechung. Sie haben feine Sensoren für die Stimmungen in der Gruppe. Sie achten sowohl auf negative wie auf positive Signale. Dabei überlegen sie, ob, wann und wie sie bei Störungen reagieren, damit die Arbeit an den Inhalten weitergehen kann. Was diese Leiter natürlich auch erkennen, sind die Auswirkungen, die ihre eigenen Ausführungen auf die Stimmung in der Besprechung haben.«*

Das souveräne Leiten einer Besprechung: Neben einer sorgfältigen Vorbereitung mit Zielformulierung und Planung der einzelnen Arbeitsschritte, bedeutet dies vor allem die Fähigkeit, während der Sitzung drei Dinge gleichzeitig in den Griff zu bekommen:

- das methodische Geschehen,
- die Beziehungsebene zwischen den Anwesenden,
- das inhaltliche Arbeiten, inklusive der möglicherweise eigenen inhaltlichen Beteiligung.

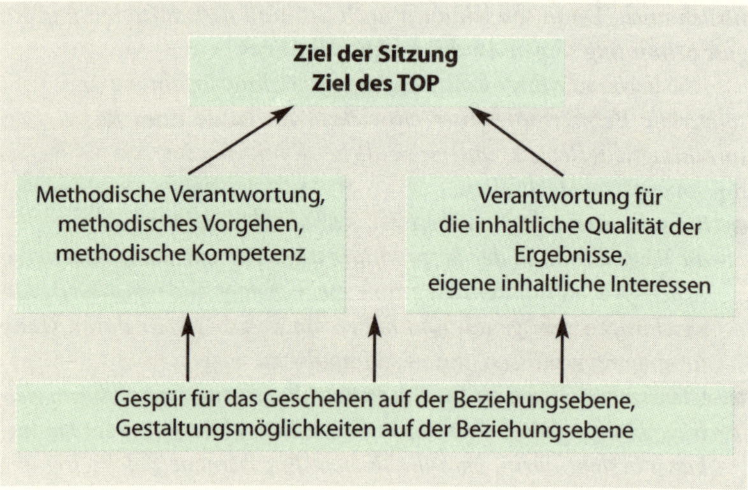

Wie gut sind Sie?

Ein paar Anregungen zur Einschätzung Ihrer **methodischen Kompetenz**

[5] *Bei mir bereits stark ausgeprägt*
[1] *Hier kann ich mich noch deutlich verbessern*

Sie fühlen sich vom Anfang bis zum Ende für Struktur und Ablauf der gesamten Sitzung verantwortlich. [5] [4] [3] [2] [1]

Sie haben für jeden TOP ein Ziel vorbereitet und stellen dieses Ziel zu Beginn vor. Jeder Teilnehmer weiß also genau, worum es geht und was von ihm erwartet wird. [5] [4] [3] [2] [1]

Sie haben zur Bearbeitung der TOP konkrete Arbeitsschritte überlegt. Sie können vor den Teilnehmern begründen, warum diese Arbeitsschritte die Zielerreichung unterstützen. [5] [4] [3] [2] [1]

Sie können während der Sitzung erkennen, ob die momentane Diskussion zielführend ist, oder ob sie vom roten Faden abweicht. [5] [4] [3] [2] [1]

Für den Fall, dass sich eine Diskussion vom roten Faden entfernt, können Sie sicher entscheiden, wann Sie eingreifen und die Diskussion wieder auf Zielkurs bringen. [5] [4] [3] [2] [1]

Sie haben ständig die Zeit im Blick und können abschätzen, ob und wann Sie in die Diskussion eingreifen, Vorschläge zum weiteren Ablauf machen oder die Tagesordnung verändern wollen. [5] [4] [3] [2] [1]

Sie achten darauf, dass der Abschluss eines jeden TOP von Überlegungen zu konkreten Maßnahmen begleitet wird. [5] [4] [3] [2] [1]

Sie achten bei jedem TOP darauf, welche Inhalte in das Protokoll aufgenommen werden sollen. [5] [4] [3] [2] [1]

Wie gut sind Sie?

Ein paar Anregungen zur Einschätzung Ihrer
Kompetenz auf der Beziehungsebene

[5] *Bei mir bereits stark ausgeprägt*
[1] *Hier kann ich mich noch deutlich verbessern*

Sie fühlen sich vom Anfang bis zum Ende der Sitzung auch verantwortlich für die Gestaltung der Beziehungsebene, auf der die Anwesenden interagieren. [5] [4] [3] [2] [1]

Sie verfügen über ein ausgeprägtes Gespür dafür, wie sich die einzelnen Teilnehmer in Ihrer Besprechung fühlen, wie sie beispielsweise mitmachen, in den Arbeitsprozess integriert oder ausgeschlossen sind, sich engagieren, begeistert oder eher skeptisch wirken. [5] [4] [3] [2] [1]

Sie erkennen frühzeitig sich anbahnende Störungen und können beurteilen, ob diese Störungen den Arbeitsprozess und die Zielerreichung gefährden oder nicht. [5] [4] [3] [2] [1]

Sie zeigen allen Besprechungsteilnehmern gegenüber dieselbe Wertschätzung. Sie bringen diese Wertschätzung auch deutlich zum Ausdruck. Beispielsweise bevorzugen oder benachteiligen Sie niemanden. [5] [4] [3] [2] [1]

Sie bemühen sich darum, dass sämtliche Teilnehmer am Arbeitsprozess teilnehmen können, fördern das Engagement der Zurückhaltenden und Stillen, bremsen das Engagement von Vielrednern und Personen, die den Arbeitsprozess dominieren. [5] [4] [3] [2] [1]

Sie sind in der Lage aufkommende oder sich anbahnende Störungen klar und mit Respekt vor den Personen anzusprechen. [5] [4] [3] [2] [1]

Sie verhalten sich während der gesamten Besprechung nach dem Motto: »If you can't be with the one you love – love the one you're with« (versuchen es jedenfalls). [5] [4] [3] [2] [1]

Wie gut sind Sie?

Ein paar Anregungen zur Einschätzung Ihrer
Kompetenz auf der Inhaltsebene

[5] *Bei mir bereits stark ausgeprägt*
[1] *Hier kann ich mich noch deutlich verbessern*

Sie fühlen sich vom Anfang bis zum Ende der Sitzung mitverantwortlich für die Qualität der Inhalte und der Ergebnisse. [5] [4] [3] [2] [1]

Es fällt Ihnen leicht, unterschiedliche Diskussionsbeiträge - auch kontroverse Standpunkte – verständlich und inhaltlich angemessen zusammenzufassen. Somit sichern Sie ein einheitliches Verständnis über den inhaltlichen Stand der Diskussion. [5] [4] [3] [2] [1]

Sie können inhaltlich anspruchsvolle Zusammenhänge mit einfachen Worten und Bildern darstellen, so dass sie von allen verstanden werden. [5] [4] [3] [2] [1]

Sie können inhaltliche Positionen, Diskussionsbeiträge, komplexe Zusammenhänge etc. beispielsweise auf Flipchart oder Folie treffend visualisieren, damit sich auch die Gruppe schnell ein Bild des aktuellen Diskussionsstandes machen kann. [5] [4] [3] [2] [1]

Sie versuchen, auch alternative Sichtweisen und ungewöhnliche Perspektiven in eine Diskussion einzubringen, um die Qualität der Ergebnisse zu steigern. [5] [4] [3] [2] [1]

Sie haben ein feines Gespür dafür, wann Sie Ihre persönliche Meinung zu inhaltlichen Punkten einbringen können, so dass Sie zwar inhaltlich gleichberechtigt mitdiskutieren, dabei aber ihre Integrität und Akzeptanz als Besprechungsleiter zu keiner Zeit gefährden. [5] [4] [3] [2] [1]

Wie gut sind Sie – und jetzt?

Wenn Sie sich Ihre drei Selbsteinschätzungen noch einmal anschauen: Was sind die wichtigsten Schritte, die Sie im Hinblick auf Ihre nächste Besprechungsleitung konkret unternehmen wollen?

»Übertreiben Sie da nicht etwas mit den drei Kompetenzen, die man während der Besprechungsleitung gleichzeitig anwenden soll? Ist das nicht nur etwas für Profis mit Ausbildung und jahrelanger Erfahrung?«

»Ich kann mir vorstellen, dass Sie viele Kommunikationssituationen im Beruf oder im Privatleben meisterhaft auf allen drei Ebenen zu steuern wissen. Denken Sie an eine Gehaltsverhandlung, ein Behördengespräch oder nur an einen Flirt am Urlaubsort. Dort haben Sie sicherlich schon einmal mit irgendeinem beliebigen Inhalt geglänzt, gleichzeitig mit perfekter Fragetechnik und zielstrebig auf ihr amouröses Ziel hingearbeitet und dabei permanent das Knistern zwischen sich und Ihrem Gegenüber wahrgenommen und dies für das weitere Vorgehen berücksichtigt. Warum diese Kompetenz nicht auch für das so wenig geliebte Tätigkeitsfeld Besprechungsleitung nutzen?«

»Und wie muss ich mir das in der konkreten Diskussion vorstellen?«

»Sie wenden ein paar grundlegende Kommunikationsfähigkeiten an: Erstens hören Sie genau zu, zweitens überlegen Sie, was das Gehörte für den Ablauf der Sitzung, die Inhalte sowie die Beziehungsebene bedeutet, drittens werden Sie aktiv, indem Sie beispielsweise Fragen stellen, und dann prüfen Sie viertens, was Sie mit Ihren Interventionen bei den anderen bewirkt haben. Sie können sich das als Kreis vorstellen, den Sie immer wieder durchlaufen.«

1

Zuhören und verstehen: »Was wurde genau gesagt und gemeint?«

4

Genau zuhören und verstehen: »Was haben meine Interventionen bewirkt? Wie wird darauf reagiert – auf der Struktur-, Inhalts- oder Beziehungsebene?«

2

Prüfen:

- Was bedeutet des Gesagte für den Ablauf und die Struktur der Sitzung? Sind wir noch auf dem Weg zum Ziel? Folgen wir noch dem roten Faden? Muss ich als Leiter methodisch eingreifen?
- Was bedeutet des Gesagte inhaltlich? Macht der Gedanke Sinn? Ist das Ergebnis ausreichend? Benötigen wir weitere Perspektiven? Findet der Hinweis Konsens? Muss ich als Leiter inhaltlich eingreifen?
- Wie geht es mir mit dem Gesagten? Wie empfinde ich die Stimmung? Wie geht es den anderen, dem Sprecher, den Zuhörern? Muss ich als Leiter auf der Beziehungsebene eingreifen?

3

Die Diskussion weiterlaufen lassen und weiter zuhören oder eingreifen (beispielsweise):

- Gehörtes zusammenfassen und Vorschläge zum weiteren methodischen Vorgehen machen.
- Die Aussagen inhaltlich bewerten und eigene Vorschläge einbringen.
- Verschiedene Beiträge mit eigenen Worten zusammenfassen, um den Stand der Diskussion transparent zu machen, dann mit Fragen nach weiteren Ideen suchen oder ein Meinungsbild erstellen lassen.
- Auf die Stimmung eingehen: beschreiben, was Sie wahrnehmen, was Sie dabei denken und empfinden und Vorschläge für das weitere Vorgehen machen.

Handwerkszeug für das Kommunizieren und Leiten in Besprechungen

Hier geht es um das aufmerksame Zuhören, das Wiederholen mit eigenen Worten, Fragetechniken und darum, wie der Meinungsaustausch in der Gruppe gefördert wird, alle aktiv an der Besprechung teilnehmen, der rote Faden nicht verloren geht, Zeit und Zeitperspektiven gestaltet werden und der Leiter den Arbeitsprozess vorantreiben kann. Also: kommunikatives Handwerkszeug für die Praxis.

»Wenn ich das richtig verstehe: Die kommunikativen Grundfertigkeiten für einen Besprechungsleiter sind also aufmerksames Beobachten und Zuhören sowie Aktivieren der Teilnehmer durch Fragen.«

»Überspitzt gesagt: ja. Vor diesem Hintergrund findet Ihr Leiterverhalten statt. Aber natürlich können Sie die Art, wie sie kommunikativ vorgehen auf vielfältige Weise beschreiben. Und um Ihnen Anregungen für Ihre eigene Praxis zu geben, haben wir einen Kasten mit ›kommunikativem Handwerkszeug‹ gefüllt. Prüfen Sie für sich, was Sie davon schon beherrschen und was Sie in den nächsten Sitzungen einmal gezielt ausprobieren wollen.«

Aufmerksames und ungeteiltes Zuhören

Dazu gehört eine zugewandte Körperhaltung, ein angemessener Blickkontakt, unterstützendes Kopfnicken und gelegentliche Kurzäußerungen, wie »hm«, »ja«, «aha«. Sie stellen Kontakt zum Redner her und gestalten eine offene und vertrauensvolle Beziehungsebene.

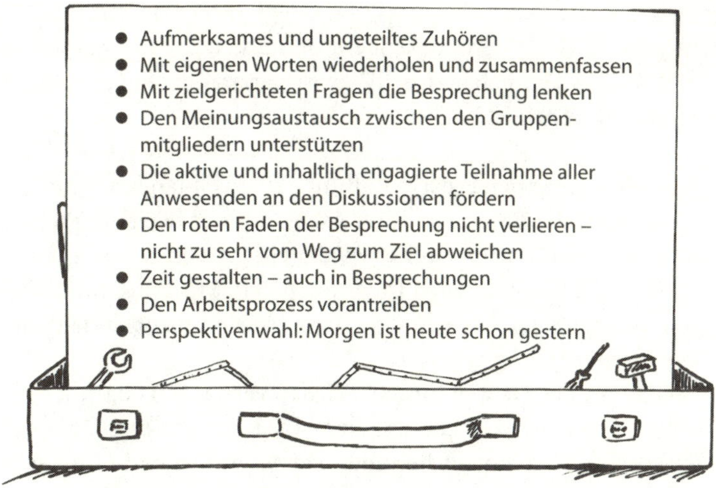

Zum aufmerksamen Zuhören gehört aber auch, dass Sie Fragen stellen, wenn Sie sich nicht ganz sicher sind, etwas so verstanden zu haben, wie es der andere gemeint haben könnte. Durch offene Fragen – »Was verstehen Sie unter...?« »Welches Beispiel haben Sie für...?« – bleiben Sie beim Thema des anderen, um dessen Position vollständig zu verstehen. Das bedeutet auch, dass Sie, während Sie zuhören das Gespräch noch nicht in Ihre Richtung lenken.

☐ **Ist bei mir bereits stark ausgeprägt**

☐ **Hier kann ich mich noch deutlich verbessern**

Maßnahmen:

Mit eigenen Worten wiederholen und zusammenfassen

Dies ist eine der wohl wichtigsten kommunikativen Fertigkeiten nicht nur für Besprechungsleiter. Sie wiederholen mit Ihren eigenen Worten die zentralen Inhalte Ihres Gesprächspartners. Wiederholungen werden oft mit Sätzen eingeleitet wie: »Verstehe ich Sie richtig, dass ...« »Bedeutet das, dass ...« »Liegt Ihrer Ansicht nach ...« Wichtig ist, dass Sie sich konsequent bemühen, die Perspektive des anderen so wiederzugeben, wie dieser sie verstanden haben will. Mit dieser Fertigkeit erreichen Sie,

- dass der andere sich ernst genommen und verstanden fühlt. Dies ist ein zentraler Beitrag zu Ihrer Arbeit auf der Beziehungsebene;
- dass Sie in der Gruppe immer wieder ein gemeinsames Verständnis über die besprochenen Inhalte erzielen. Mit Fragen und eigenen Anregungen können Sie dann Anstöße zur inhaltlichen Weiterentwicklung geben;
- dass Sie in der Gruppe immer wieder Verständnis darüber herstellen, an welcher Stelle auf dem Weg zur Zielerreichung die Diskussion sich zurzeit befindet. Davon ausgehend können Sie Anregungen zum weiteren Verlauf der Diskussion machen.

Während sich kurze Wiederholungen schon nach einzelnen Wortbeiträgen anbieten, macht es Sinn, eine Zusammenfassung mehrerer Beiträge immer dann vorzunehmen, wenn Sie Gefahr laufen, die Übersicht über die Diskussion zu verlieren, wenn mehrere unterschiedliche Meinungen im Raum stehen, wenn die Diskussion auszuufern beginnt, zu stark vom roten Faden abweicht.

☐ **Ist bei mir bereits stark ausgeprägt**

☐ **Hier kann ich mich noch deutlich verbessern**

Maßnahmen:

Mit zielgerichteten Fragen die Besprechung lenken

Während Sie klärende Fragen beim Zuhören dazu benutzen, die Perspektive des anderen angemessen zu verstehen, können Sie mit zielgerichteten Fragen eine Besprechung aber auch vorantreiben, neu ausrichten oder auf ein anderes Thema hin lenken:

- »Frau ..., Sie haben jetzt zwei Meinungen zu Ihrer Ansicht ... gehört. Wie bewerten Sie ..., wie wollen Sie weiterarbeiten ...?«
- »Was sagen die anderen zu der Idee ...?«
- »Wir haben folgenden Vorschlag für das weitere Vorgehen ... Wer überlegt noch?«

Wichtig ist: Gebrauchen Sie offene Fragen (auch W-Fragen genannt), um Informationen zu bekommen, um ein Gespräch zu öffnen, um Nachdenken über neue Ideen anzuregen: »Was denken Sie ...?« »Wieso meinen Sie ...?« »Wie begründen Sie ...?«

Setzen Sie geschlossene Fragen (auch Ja/Nein-Fragen genannt) ein, um zu Anregungen von Ihnen knappe Stellungnahmen zu erhalten: »Gibt es Bedenken gegen ...?« »Bedeutet dies, dass wir im nächsten Schritt ...?« »Liegen uns bisher Messergebnisse zu ... vor?«

Stellen Sie Einzelfragen und vermeiden Sie Fragebatterien. Wenn Sie mehrere Fragen hintereinander stellen, bekommen Sie allerlei Antworten zu den verschiedensten Teilfragen. Sie schaffen sich eine Komplexität, die nur schwer wieder in den Griff zu bekommen ist.

Es gibt Fragen, die versetzen den Zuhörer in eine Verhörsituation: »Warum haben Sie das Protokoll der letzten Sitzung nicht gelesen?« »Wieso ist Ihre Abteilung immer noch nicht ...?« Das kann massive Auswirkungen auf die Beziehungsebene haben und auch alle anderen Teilnehmer an der Besprechung verunsichern. Versuchen Sie daher, möglicherweise unangenehme oder peinliche Fragen zu begründen: »Herr ..., ich sitze morgen mit einem verärgerten Programmleiter zusammen und muss ihm erläutern, warum wir den Beitrag nicht liefern können. Deshalb muss ich von Ihnen wissen, was ist ... schief gelaufen?«

Wenn Sie an einer stabilen Beziehungsbrücke in Ihrer Besprechung interessiert sind und mit uns das Wertschätzungsgebot den Teilnehmern gegenüber teilen, dann bedenken Sie die Auswirkung von provokativen, unfairen, abwertenden oder verunsichernden Fragen: »Wussten Sie eigentlich, dass Herr ... schon seit Tagen auf Ihren Anruf wartet?« »Ist Ihnen eigentlich klar, dass wir mit dieser Einstellung in drei Jahren Konkurs anmelden können?« »Ist es hier in der Runde nicht bekannt, dass schon der Kollege ... mit dieser Idee gescheitert ist?«

- ☐ **Ist bei mir bereits stark ausgeprägt**
- ☐ **Hier kann ich mich noch deutlich verbessern**

Maßnahmen:

Den Meinungsaustausch zwischen den Gruppenmitgliedern unterstützen

Es gibt Besprechungen, in der jeder Wortbeitrag direkt an den Besprechungsleiter gerichtet wird, selbst dann, wenn es in dem Gespräch um den Vorschlag eines anderen Anwesenden geht. Der Leiter hat die Zügel fest in der Hand, kontrolliert jede Äußerung und unterbindet – mehr oder weniger bewusst – den direkten Meinungsaustausch zwischen den Teilnehmern. Dieses Vorgehen mag sinnvoll sein, wenn mit einer relativ großen Gruppe in sehr kurzer Zeit ein inhaltlich brauchbares Ergebnis erzielt werden soll. Der Nachteil: Der Besprechungsleiter ist permanent gefordert und muss zu jeder Äußerung inhaltlich Stellung beziehen, auch zu fachfremden. Viele Besprechungsleiter fördern daher auch den direkten Austausch zwischen den Teilnehmern. Dies erfolgt mit Fragen, Gesten und der direkten Aufforderung sich untereinander auszutauschen: »Herr ... was halten Sie von der Idee von Frau ...?« Aus einer solchen Position kann der Leiter mit Fragen immer wieder lenkend in die Diskussion eingreifen: »Wenn ich einmal die drei bisher vertretenen Standpunkte zusammenfasse: erstens ..., zweitens ..., drittens ... Jetzt der Reihe nach: Was spricht für erstens ...?«

- ☐ **Ist bei mir bereits stark ausgeprägt**
- ☐ **Hier kann ich mich noch deutlich verbessern**

Maßnahmen:

Die aktive und inhaltlich engagierte Teilnahme aller Anwesenden an den Diskussionen fördern

Wer soll in Ihrer Besprechung aktiv werden? Wenn auch die Teilnehmer einen wesentlichen Beitrag zum Besprechungsergebnis beizusteuern haben, empfiehlt sich eine lebendige, offene und in guter Stimmung verlaufende Diskussion, an der sich möglichst alle beteiligen. Was können Sie dafür tun?

- Die Meinungen anderer mit eigenen Worten wiederholen und zur Diskussion stellen.
- Einzelne Personen direkt ansprechen und begründet um Beiträge bitten: »Herr ..., Sie waren doch letzte Woche in Zürich, was sagen denn unsere Partner dort zu der Entwicklung ...?«
- Um Beispiele bitten: »Sie haben dargelegt, warum Kunden dieses Produkt grundsätzlich nicht annehmen können. Welche Erfahrungen haben Sie mit Ihrem Kunden, der Firma ... gemacht?«
- Ein Meinungsbild erstellen: »Mich interessiert, wie die anderen diese Idee bewerten. Bitte einmal der Reihe nach kurz darstellen, wie Sie zu ... stehen.«
- Den Diskussionsstand oder ein Zwischenergebnis visualisieren. Dadurch entsteht Transparenz und alle haben die Möglichkeit, sich über das von allen gleichermaßen gesehene Bild zu äußern.
- Zu Gedankenspielen einladen: »Einmal angenommen, wir hätten für das laufende Jahr noch ... Euro zusätzlich als Investitionsmasse. Ich bitte um eine persönliche Einschätzung aller hier am Tisch, wo sollten wir vorrangig investieren?«
- Selbst wach und lebendig auftreten – Sie wirken anders, als wenn Sie mit Ringen unter den Augen die Schlaftablette mimen.
- Positiv argumentieren: Das Glas Wasser ist halb voll oder halb leer – welche Diskussion regt mehr an? Als Besprechungsleiter können Sie über Ihre Wortwahl und den Gebrauch von Bildern eine eher düstere, negative, bedrückende Stimmung erzeugen – »Die Lage ist ernst, da der Gewinn in diesem Jahr von 50 Prozent auf 40 Prozent zurückzugehen droht und ich mir personalmäßig

Gedanken machen muss. Und wenn uns in der nächsten halben Stunde nichts einfällt, dann sehe ich richtig schwarz, dann findet unsere nächste Besprechung im Dunklen ...« – Sie können aber auch (tapfer) versuchen, durch Ihre Wortwahl positive Stimmung aufkommen zu lassen. Und je authentischer und ehrlicher dies geschieht, desto eher werden es auch die kritischen und immerzu nörgelnden Teilnehmer annehmen: »Laut Vorstand sieht es nicht ganz so hell aus. Für mich bedeutet dies, dass wir einiges zu tun haben. Also: Auf der einen Seite haben wir sinkende Umsätze. Auf der anderen Seite finden wir unsere Kunden, die mit unseren Produkten mehr als zufrieden sind. Und ich kann mir gut vorstellen, dass wir heute zumindest erste Ideen generieren können, wie wir ...«

- Gleiches gilt für Ihre Reaktion auf Teilnehmeräußerungen: Sie können sie mit versteinerter Miene entgegennehmen, dabei vielleicht noch eine heimliche, dennoch für alle sichtbare Träne vergießen oder Sie können positiv, wertschätzend und ermutigend auf Wortmeldungen aus der Teilnehmerschaft reagieren. In jedem Fall tragen Sie entscheidend zur Stimmungslage in der Besprechung bei.

☐ **Ist bei mir bereits stark ausgeprägt**

☐ **Hier kann ich mich noch deutlich verbessern**

Maßnahmen:

Den roten Faden der Besprechung nicht verlieren – nicht zu sehr vom Weg zum Ziel abweichen

Viele Besprechungen kranken daran, dass in der Diskussion auf Seitenthemen ausgewichen wird, neue Themen aufgemacht werden, man vom Hundertsten auf Tausendste kommt. Ganz plötzlich geht es nicht mehr um neue Kunden für die Datenbank Pandora, sondern um die Frage, warum bestimmte Inhalte noch nicht aktuali-

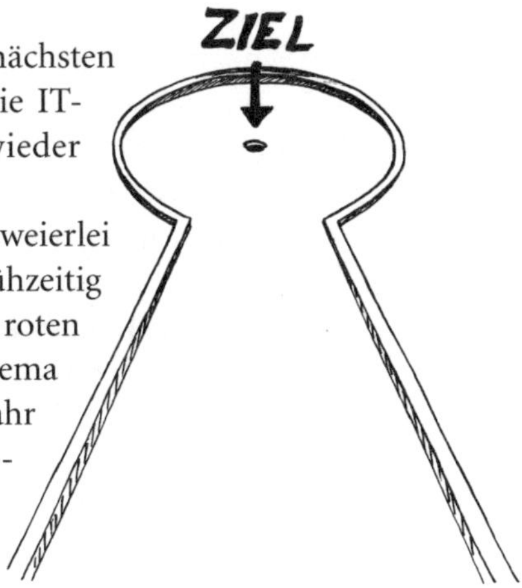

siert worden sind, und gleich im nächsten Satz um das beliebte Thema, dass die IT-Abteilung kapazitätsmäßig mal wieder nicht in der Lage war ...

Als Besprechungsleiter kommt zweierlei auf Sie zu: Zum einen müssen Sie frühzeitig erkennen, wann eine Diskussion vom roten Faden abweicht, wann ein neues Thema eröffnet wird, wann die Gruppe Gefahr läuft, auf Nebenkriegsschauplätze abzugleiten. Sie können sich dazu bei jedem Wortbeitrag fragen, ob dieser noch zu dem gerade behandelten Thema gehört oder nicht. Mit der Zeit werden Sie sich diese Frage automatisch immer wieder stellen und innerlich eine kleine Alarmglocke läuten, wenn ein Beitrag sich vom roten Faden der Diskussion entfernt.

Zum zweiten müssen Sie überlegen, ob und natürlich auch wie Sie beim Verlassen des Themas reagieren wollen. Hier gilt es, das richtige Maß für die Gruppe und den aktuellen Arbeitsprozess zu entwickeln. Entscheiden Sie sich für sehr kurze Zügel, werden Sie jede kleine Abweichung auf dem Weg zur Zielerreichung ahnden und das Gespräch zum Thema zurückführen. Dies kann Ihnen positiv angerechnet werden – »Endlich mal ein Leiter, der beim Thema bleibt und sich um Besprechungsdisziplin bemüht. Nur so kommen wir schnell zu einem Ergebnis.« Kurze Zügel und harte Disziplin können jedoch auch engagierte Diskussionen grundsätzlich ersticken und Teilnehmer mundtot machen: »Hier kann man ja noch nicht einmal einen klugen und kreativen Gedanken äußern, soll der Leiter doch die Sitzung alleine bestreiten.« Erfahrene Leiter lassen daher Abweichungen vom roten Faden durchaus zu, wenn sie das Gefühl haben, dass es das Engagement der Teilnehmer fördert und die Diskussion nicht zu weit vom Thema abbringt. Dann allerdings schreiten sie ein, wiederholen das Gesagte mit eigenen Worten, verdeutlichen, dass mit dem Wortbeitrag ein anderes Thema eröffnet wurde, benennen dieses auch, schlagen eine Regelung vor, wann dieses neue Thema behandelt werden kann (wenn gewünscht) und lenken das Gespräch wieder auf das ursprüngliche Thema zurück, beispielsweise mit gezielten Fragen: »Wir hatten vorhin den Vorschlag ... Wie schätzen Sie den Erfolg ein, wenn wir ...?«

- ☐ **Ist bei mir bereits stark ausgeprägt**
- ☐ **Hier kann ich mich noch deutlich verbessern**

Maßnahmen:

Zeit gestalten – auch in Besprechungen

Ein Jegliches hat seine Zeit, das gilt auch für Besprechungen. Gestalten Sie aktiv und bewusst die Zeit Ihrer Besprechung, werden Sie zum Souverän über die Prozesse. Gehen Sie bewusst und nachvollziehbar mit Ihrer Zeit um und teilen Sie dies den Teilnehmern mit. Sie bestimmen darüber, wie die zur Verfügung stehende Zeit gefüllt wird; nicht eine scheinbar knappe Zeit bestimmt, was getan wird. Vielleicht kennen Sie die Situation: »Da uns die Zeit davonläuft, stimmen wir kurz über den Vorschlag von Herrn ... ab. Bitte Handzeichen, wer ist...?« Nun denn:

- **Pünktlichkeit:** Machen Sie den Anwesenden deutlich, warum Sie pünktlich beginnen wollen. Und fangen Sie dann auch an. Zuspätkommende können Sie mit wenigen Worten über den Stand der Diskussion ins Bild setzen und sie später darüber unterrichten, warum Sie nicht gewartet haben. Wenn Sie sich für einen späteren Beginn entscheiden, dann teilen Sie der Gruppe mit, warum sie dies tun und welche Konsequenzen dies für die Tagesordnung hat. Unsere Empfehlungen: Verzichten Sie darauf, Zuspätkommende bestrafen zu wollen – Tür nach Beginn der Sitzung zuschließen, böse Blicke, kritische Kommentare im Protokoll. Bleiben Sie korrekt und wertschätzend den Personen gegenüber; zeigen Sie aber deutlich die Konsequenzen auf, die ein pünktlicher beziehungsweise unpünktlicher Beginn hat.

- **Zeitverantwortung:** Achten Sie auf die Zeit während der Behandlung eines TOP. Legen Sie fest, wie lange Sie für den jeweiligen TOP reserviert haben. Schreiben Sie die Schlusszeit für die jeweilige TOP-Behandlung für alle sichtbar hin. Gestalten Sie den Arbeitsprozess so, dass diese Zeitvorstellung auch erreicht werden kann. Sollten Sie länger brauchen, teilen Sie das der Gruppe mit. Machen Sie deutlich, dass Sie die Zeitplanung ernst nehmen, auch wenn sie sich im Laufe der Sitzung ändern sollte. Ihre Botschaft: »Ich nehme meine und Eure Zeit ernst und überlege, wie wir mit unserer Zeit verantwortungsbewusst umgehen können.«
- **Hektik:** Wir haben keine Zeit, also hetzen wir. Die Alternative: In den 60 Minuten, die Sie beispielsweise für die Besprechung vorgesehen haben, verfügen Sie über alle Zeit der Welt. Lassen Sie sich Zeit! Souveränität bedeutet, Pausen machen, ausreden lassen, nachdenken, auf den Punkt kommen, Ruhe ausstrahlen. Zügiges Voranschreiten hat mit der Art Ihrer Kommunikation zu tun, mit Auf-den-Punkt-bringen von Teilnehmeräußerungen, mit dem Zusammenfassen von verschiedenen Meinungen, mit dem zielgerichteten Fragen, mit Ihrem Beziehung aufrechterhaltenden Blickkontakt, Ihrer klaren, lauten Stimme und mit dem Ernst, mit dem Sie ein eindeutig formuliertes Ziel verfolgen und sich am roten Faden orientieren.
- **Ein gutes Ende gestalten:** Wir hatten schon darüber gesprochen: Viele Besprechungen enden in allgemeiner Hektik. Alle reden durcheinander, Handys werden angeworfen, erste Termine werden vereinbart – und Sie warten immer noch auf die Pause, in der Sie Ihr Schlusswort loswerden können. Warum nicht mal anders? Bereiten Sie Ihren Abschluss vor. Fassen Sie beispielsweise die wichtigsten Ergebnisse noch einmal zusammen, bewerten Sie das erreichte Ziel, teilen Sie allen mit, warum sich aus Ihrer Sicht das Treffen gelohnt hat (ehrlich sein!), sagen Sie allen, was mit den heute nicht behandelten TOP geschieht. Sprechen Sie mit

klarer lauter Stimme, schauen Sie alle an und bestehen Sie darauf, dass Sie das letzte Wort nutzen wollen, um die Veranstaltung zu schließen. Sie gestalten den Schluss, nicht der Schluss Sie.

☐ **Ist bei mir bereits stark ausgeprägt**
☐ **Hier kann ich mich noch deutlich verbessern**
Maßnahmen:

Den Arbeitsprozess vorantreiben

Wie Sie das machen ist klar: Zuhören, mit eigenen Worten zusammenfassen und immer wieder zielgerichtet Fragen stellen. Und was können Sie machen? Hier einige Anregungen:

- Behalten Sie das Ziel des TOP im Auge und prüfen Sie jede Äußerung und jedes Zwischenergebnis, inwieweit es der Zielerreichung dient.
- Visualisieren Sie den Stand der Diskussion. Zeigen Sie allen Anwesenden damit gleichermaßen, wo die Debatte steht. Teilen Sie die nächsten Schritte mit und bitten um Beiträge.
- Behalten Sie den Aktionsplan im Auge, machen Sie deutlich, welche Konsequenzen und Maßnahmen bestimmte Äußerungen und Entscheidungen haben.
- Fassen Sie vor allen Dingen in hektischen und scheinbar ausweglosen Situationen den Stand der Diskussion mit einfachen Worten für alle nachvollziehbar zusammen. Visualisieren Sie. Zeigen Sie auf diese Weise, dass Sie die Übersicht behalten und an einem Weiterkommen interessiert sind.

☐ **Ist bei mir bereits stark ausgeprägt**
☐ **Hier kann ich mich noch deutlich verbessern**
Maßnahmen:

Perspektivenwahl: Morgen ist heute schon gestern

In Ihrer Veranstaltung können Sie das Thema unter dem Blickwinkel **Vergangenheit** betrachten. Dann stellen sich voraussichtlich Fragen nach den Ursachen, den Hintergründen oder der Geschichte des Ereignisses. Leider kommt es dabei aber auch immer wieder zu Fragen nach den Verursachern und den Schuldigen. Manche Gruppen können stundenlang alte Schlammschlachten führen, ohne auch nur einen Zentimeter voranzukommen. Behandeln Sie ein Thema unter dem **Blickwinkel Gegenwart**, wird sich die Diskussion meistens um Fragen drehen, die mit den Auswirkungen, den Kosten, dem Nutzen eines Ereignisses zu tun hat. Und die **Perspektive Zukunft** lädt zum Nachdenken über Handlungen ein: Was können wir machen? Was brauchen wir? Wie werden wir in den nächsten Tagen vorgehen? Alle drei Perspektiven haben ihre Berechtigung. Aber je nach Zusammensetzung der Gruppe und der Vorgeschichte, die ein Problem hat, kann jede Zeitperspektive ganz unterschiedliche emotionale Auswirkungen haben.

Gute Erfahrungen haben beispielsweise Unternehmensberater mit der Zukunftsperspektive gemacht. Statt lange darüber zu diskutieren, warum etwas schief gegangen und wer dafür zur Rechenschaft zu ziehen ist, wird nach Lösungen gesucht. Die entsprechende Spielregel, die ein solches Vorgehen unterstützt, lautet: »Wir schauen nicht mehr darauf, was in der Vergangenheit wie und warum passiert ist, sondern arbeiten ausschließlich auf die Zukunft hin. Es interessiert also nur noch der Blick nach vorn.« Die Aufgabe des Leiters besteht darin, mit seinen Fragen und inhaltlichen Anregungen diese Zukunftsgerichtetheit konsequent zu vertreten.

☐ **Ist bei mir bereits stark ausgeprägt**

☐ **Hier kann ich mich noch deutlich verbessern**

Maßnahmen:

Arbeitsregeln unterstützen die Zusammenarbeit

In Büchern stehen sie, in Seminaren werden sie trainiert, in der Praxis kommen sie kaum vor: Regeln, die das Zusammenwirken in Besprechungen, Workshops oder Arbeitssitzungen unterstützen können.

Regeln können das Zusammenwirken der Teilnehmer an einer Besprechung erleichtern, fördern oder positiv vorantreiben. Regeln können auch dabei helfen, Störungen und Konflikte zu vermeiden, beispielsweise indem sie Anregungen für sachbezogene kontroverse Diskussionen anbieten. Derartige Spielregeln sind weder »Knebel« (Verbote) für Vielredner noch »Antreiber« (Gebote) für Wenigredner oder Desinteressierte. Sie sollen ein zielgerichtetes Zusammenwirken in der Gruppe unterstützen. Beispiele für Spielregeln sind:

- **Wir begründen jede Meinungsäußerung knapp und auf das Wesentliche reduziert**. So wird sachlicher, differenzierter und ergiebiger über Standpunkte und Hintergründe diskutiert, die Beweggründe der Einzelnen werden transparenter.
- **Wir begründen Fragen an andere Teilnehmer kurz** (»Ich frage weil ...«). Damit vermeiden wir, dass sich der Gegenüber ausgefragt fühlt, vorgeführt oder kontrolliert vorkommt oder dass er meint, ihm sollten Fehler nachgewiesen werden.
- **Ich spreche möglichst mit »ich« statt mit »man«**, um meine Meinung eindeutig als solche zu kennzeichnen. Dadurch fällt es den anderen Gruppenmitgliedern leichter, über den Inhalt einer persönlichen Meinung sachlich zu sprechen, statt gegen eine generalisierende Behauptung angehen zu müssen.

- **Bevor wir jemandem widersprechen, wiederholen wir mit eigenen Worten, was wir verstanden haben.** Damit vermeiden wir ein Aneinandervorbeireden bei kontroversen Diskussionen.
- **Wenn wir einer anderen Meinung widersprechen, stellen wir das Weiterführende an der eigenen Idee heraus.** Damit treiben wir den Arbeitsprozess inhaltlich voran und vermeiden, immer wieder auf alte Positionen zurückzukommen.
- **Wir beschränken jeden Redebeitrag auf maximal eine Minute.** Damit erreichen wir, dass möglichst viele zu Wort kommen.
- **Wir beginnen pünktlich und bemühen uns, vereinbarte Zeiten einzuhalten.** So muss keiner seine Zeit mit dem Warten auf andere verbringen. Wir haben damit für die geplanten Inhalte die maximale Besprechungszeit zur Verfügung. Wir müssen keine Überstunden leisten und können im Anschluss an die Besprechung verlässlich andere Verabredungen treffen.
- **In den Fällen, in denen es uns sinnvoll erscheint, erarbeiten wir unsere Ergebnisse konsensorientiert - und möglichst nicht auf der Grundlage von Mehrheitsabstimmungen.** Damit versuchen wir »Winner-Loser«-Situationen zu vermeiden.
- **Jeder einzelne übernimmt Aufgaben, die im Anschluss an die Sitzung zu erledigen sind, nur nach sorgfältiger und kritischer Prüfung: Kann ich die Aufgaben zeitlich und fachlich zuverlässig erledigen?** Damit erreichen wir, dass nur Aufgaben verteilt werden, die später auch wirklich umgesetzt werden.

»Mir fällt auf, dass bei den Sitzungen, an denen ich bisher teilgenommen habe und die sehr kurzfristig einberufen wurden, Spielregeln gar nicht vorkamen. Woran liegt das?«

»Auch wir beobachten, dass im betrieblichen Alltag sehr wenig mit Spielregeln gearbeitet wird. Spielregeln werden in Seminaren trainiert, in Büchern empfohlen aber in der Praxis selten angewendet. Die Gründe dafür dürften vielfältig sein: Viele Besprechungsleiter kennen nur die wenigen oberflächlichen Verhaltensregeln wie ›Jeder redet maximal eine Minute‹ oder ›Wir sind alle gleich und

vertreten offen unsere Meinung‹. Sie scheuen sich, derartige Gebote in einer Besprechung vorzuschlagen. Schon gar nicht dann, wenn im betrieblichen Alltag nicht alle gleich sind und keiner seine Meinung offen vertritt. Ein weiterer Grund dürfte sein, dass viele Besprechungsleiter bisher kaum Gelegenheit hatten, den Nutzen sinnvoller Spielregeln für den Umgang miteinander zu erleben. Daher stehen sie auch nicht hinter diesen Regeln, wenn sie diese denn einmal ausprobieren wollen. Vielleicht spielt eine weitere Rolle für den mangelnden Einsatz, dass viele Besprechungsleiter nicht sicher wissen, wie sie die Regeln einführen und deren Einhaltung kontrollieren können.«

»Wie würden Sie das dann in einer spontan einberufenen kurzen Sitzung machen?«

»Wenn ich die Gruppe kenne und weiß, wo es Probleme geben könnte, würde ich mir eine, maximal zwei Regeln aussuchen und ausformulieren. Ich würde mir in der Vorbereitung eine Begründung überlegen, warum ich in der Besprechung mit diesen Regeln arbeiten möchte. Und ich würde mir überlegen, was der Nutzen dieser Anwendung ist. Es geht ja nicht um Bestrafung und Verbot, sondern um Hilfen auf dem Weg zu einem guten Ergebnis. Dann würde ich die Gruppe auch fragen, ob sie diese Regeln einmal ausprobieren möchte. Stimmen die Teilnehmer diesem Versuch zu, verpflichten sie sich zur Einhaltung der Regel. Während der Sitzung achte ich auf die Regeleinhaltung, weise nur dezent auf mögliche Überschreitungen hin, und auch nur dann, wenn die Regelüberschreitung im Arbeitsprozess Probleme bereitet hat. Am Schluss der Sitzung ist es wichtig, mit den Teilnehmern sehr knapp zu besprechen, wie sie die Anwendung der Regeln erlebt haben.

Eine andere Möglichkeit besteht darin, dass ich die von mir vorbereiteten Regeln erst dann vorschlage, wenn im Arbeitsprozess ein konkreter Anlass auftritt, beispielsweise ein kleiner Konflikt, eine Störung, Chaos oder sonst eine Situation, zu deren zukünftiger Bewältigung eine Spielregel helfen kann. Ganz wichtig jedoch: Wenn Sie mit Spielregeln arbeiten wollen, was ich Ihnen sehr empfehle, beschränken Sie sich auf wenige, mit denen Sie Erfahrungen machen, und wenden Sie diese nur an, wenn Sie wirklich hinter der Regel stehen und fest von ihrem Nutzen überzeugt sind.«

Durchführung II: Nichts als Schwierigkeiten: Störungen und Konflikte

»Gut, dass Sie auch auf Schwierigkeiten in Besprechungen eingehen wollen. Die Anregungen zu den Spielregeln gehen ja schon in die richtige Richtung. Aber ich hätte gerne noch mehr. Denn Schwierigkeiten in Besprechungen sehe ich genug; was mache ich als Besprechungsleiter, wenn in meiner Besprechung beispielsweise

- *Teilnehmer immer wieder dazwischenquatschen,*
- *Teilnehmer mich persönlich angreifen,*
- *Teilnehmer untereinander Krieg führen,*
- *keiner mir zuhört,*
- *die Diskussion auf der Stelle tritt,*
- *ständig die gleichen Argumente wiederholt werden,*
- *die Diskussion sich chaotisch entwickelt und aus dem Ruder läuft,*
- *ein Teilnehmer die Leitung an sich reißen will,*
- *ein Teilnehmer alle anderen niederredet,*
- *einige Teilnehmer zu schüchtern sind und den Mund nicht aufmachen,*
- *jemand nur dumme Witze macht,*
- *Teilnehmer mit Killerphrasen um sich werfen,*
- *jemand alles besser weiß als ich,*
- *eigentlich alles schief geht?«*

»Ich hoffe nicht, dass Sie da gerade Ihren täglichen Besprechungsalltag geschildert haben! Ansonsten würde ich Ihnen empfehlen, sich nach einer neuen Tätigkeit umzusehen. Wie wäre es mit der Leitung einer Kinderzauberschule? Ist zwar nicht ganz die New Economy, hat jedoch wieder Zukunft!«

»Habe ich auch schon dran gedacht, vor allem, wenn man das Geschäft noch irgendwie mit dem Internet verknüpfen könnte. Aber jetzt im Ernst, welchen Zaubertrick können Sie mir im Umgang mit den hier geschilderten Problemen empfehlen? Da muss es doch etwas geben?«

»Für den Fall, dass Ihnen jemand einen solchen Supertrick nennt, mit dem Sie alle Probleme in den Griff bekommen und zusätzlich auch noch selbst angst- und streßfrei werden, teilen Sie mir mit, wie erfolgreich Sie waren. Unserer Erfahrung nach gibt es diesen Supertrick in der Muggelwelt jedenfalls nicht. Denn in Konflikten haben Sie es mit Menschen und einem Gemisch von Gefühlen und Sachproblemen zu tun. Und so etwas läßt sich nicht nach mechanischen Gesetzen regeln, in den Griff bekommen oder sogar mit Garantie auf Erfolg steuern. Daher ist der Begriff ›Techniken der Konfliktbewältigung‹ eigentlich irreführend. ›Hilfen für die Konfliktbewältigung‹ wäre ehrlicher.«

»Nun denn, dann bin ich wirklich auf Ihre Hilfestellungen gespannt. Wobei ich vermute, dass Sie mich erst einmal zwingen werden, über mich selbst nachzudenken.«

Wann ist ein Konflikt ein Konflikt? Wie ist das bei Ihnen?

Ein altes Sprichwort sagt: »Was dem einen seine Eule, ist dem anderen seine Nachtigall«. So ist es auch mit sogenannten Konfliktsignalen. Was bei dem einen Panik aufkommen lässt, produziert bei jemand anderem Glücksgefühle. Wie ist das bei Ihnen? Eule oder Nachtigall?

Für manche Leiter ist ein Teilnehmer, der die Besprechungsleitung an sich reißen möchte, eine ernsthafte Bedrohung; für andere dagegen stellt er einen Verbündeten dar, der bei der Zielerreichung und im Umgang mit anderen Teilnehmern hilfreich sein kann. Oder: Der Teilnehmer, der laut sein »Ist doch alles Quatsch hier!« dazwischen ruft, erzeugt bei manchen Sitzungsleitern innere Panik: Die Zielerreichung scheint gefährdet, ein Streit unausweichlich. Andere dagegen atmen befreit auf, weil sich die Chance bietet, eine vielleicht schon eingeschlafene Diskussion wieder in Gang zu bringen. Mit anderen Worten: Jeder Mensch nimmt Störungssignale anders wahr und bewertet sie unterschiedlich. *Die* Störung gibt es nicht. Jeder Hörer hört mit seinen eigenen über Jahre hinweg gelernten Mustern und seiner eigenen Erfahrung. Und entsprechend reagiert jeder Besprechungsleiter anders.

Wie ist das bei Ihnen?

Wie würden Sie sich, liebe Leserin und lieber Leser, selbst einschätzen? Wie reagieren Sie normalerweise bei »Ist doch alles Quatsch hier!«? Wo liegt Ihre persönliche, über Jahre hinweg gelernte erste spontane Reaktion? Wichtig: Versuchen Sie, sich so selbstkritisch wie möglich auf die Schliche zu kommen.

»Ist doch alles Quatsch hier!« löst bei mir auf einer Skala von eins bis zehn spontan aus:

☐10 ☐9 ☐8 ☐7 ☐6 ☐5 ☐4 ☐3 ☐2 ☐1

☺ ☹

Wenn Sie jetzt einmal an unterschiedliche Besprechungsleiter denken, die Sie kennen: Wer davon würde bei »Ist doch alles Quatsch hier!« auf der Skala eher in Richtung »zehn« und wer eher in Richtung »eins« reagieren? Tragen Sie die namenskürzel oben auf der Skala ein.

Vergleichen Sie jetzt einmal Ihre und die Reaktionen Ihrer Bekannten. Wo liegen die wichtigsten Unterschiede?

Was würden Sie vom Verhalten der anderen gerne übernehmen?

Was möchten Sie vom Verhalten der anderen auf keinen Fall übernehmen?

»Aber meine Reaktion hängt doch davon ab, wie mir der andere in der Besprechung kommt. Wenn er schießt, schieße ich zurück, wenn er freundlich ist, bin ich auch freundlich. Ist doch ganz einfach!«

»So können Sie die Welt sehen. Nur legen Sie dann die Verantwortung für Ihr Handeln in die Hände des anderen. Egal was dieser Mensch so anstellt, Sie reagieren nur. Und Ihre Entschuldigung klingt vertraut: ›Es ist doch nur normal, dass man in solch einer Situation so reagiert‹. Wir bieten Ihnen den unbequemeren Weg. Vergessen Sie einmal für ein paar Augenblicke den anderen und überlegen stattdessen, was Sie selbst wollen. Und wenn Sie sich entscheiden, einen Einwurf nicht als Konfliktangebot zu hören, sondern als Gesprächsangebot, dann werden Sie anders reagieren, als wenn Sie den Einwand als Kritik an Ihrem Leiterverhalten verstehen. Letztlich geht es uns mit allen unseren Anregungen um die Erweiterung Ihres Handlungspotentials.«

»Geht denn das aber so einfach, dass ich das, was der andere mir um die Ohren haut, plötzlich nicht mehr als Angriff auf meine Person wahrnehme sondern als etwas ganz anderes?«

»So einfach geht es leider nicht. Aber so, wie Sie gelernt haben, bestimmte Signale, beispielsweise das ›Ist doch alles Quatsch hier!‹ als Angriff auf Ihre Person zu verstehen, so können Sie auch lernen, den Satz mit anderen Ohren wahrzunehmen. Beispielsweise mit den Ohren, die der Hamburger Kommunikationswissenschaftler Schulz von Thun in seinem Modell von den vier Ohren der Informationsaufnahme beschrieben hat.«

Störungen und Konflikte wahrnehmen – mit vier Ohren hören

Jeder Mensch hat zwei Ohren. Von wegen - in Wirklichkeit sind es vier. Und je nachdem, welches Sie gerade ganz weit geöffnet haben, werden Sie anders wahrnehmen, fühlen, denken und handeln. Das birgt enorme Chancen für den Umgang mit Konflikten!

Die Idee der **vier Ohren der Informationsaufnahme** besteht darin, dass Sie eine Nachricht, die jemand an Sie gerichtet hat, auf vier verschiedene Arten wahrnehmen, interpretieren und verstehen können – ganz unabhängig davon, wie der »Sender« seine Nachricht verstanden haben möchte. Unserer Erfahrung nach werden Sie unterschiedlich reagieren, je nachdem, welches Ohr Sie gerade »spitzen«. Das hat Auswirkungen im Umgang mit so genannten Störungssignalen.

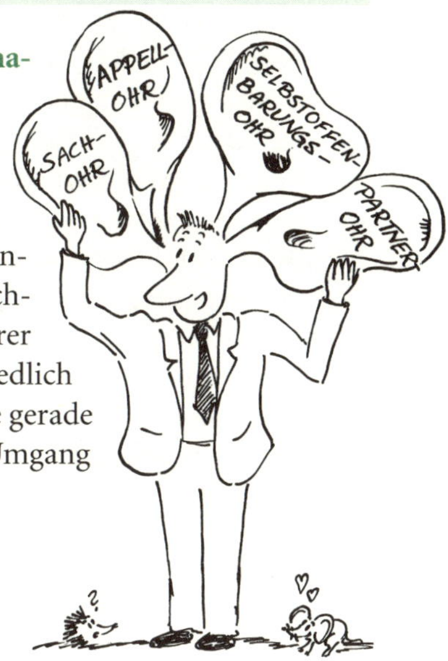

Hören auf dem Sachohr

Eine von einem Besprechungsteilnehmer an Sie gerichtete Botschaft wie »Die Suche nach neuen Kundengruppen für die Datenbank Pandora hat bei uns noch nie geklappt!,« können Sie mit dem Sachohr hören. Das Sachohr hört ausschließlich den Sachinhalt einer Nachricht: »Was ist die Sache, worum geht es inhaltlich?« Mit diesem Ohr werden Sie aufnehmen, dass etwas Bestimmtes in Ihrer Abteilung oder in der Firma bisher noch nicht funktioniert hat, nämlich die Suche nach neuen Kundengruppen für eine bestimmte Datenbank namens Pandora. Würden Sie ausschließlich diesen Aspekt der Botschaft wahrnehmen, können Sie die Aussage nach richtig oder falsch bewerten und möglicherweise Ihre abweichende Meinung kundtun: »Das ist so nicht richtig, wenn Sie an die Sitzung am ... denken, dort ...«. Oder Sie können weitere Informationen abfragen, um die Richtigkeit dieser Aussage besser bewerten zu können: »Was hat denn in der Vergangenheit nicht funktioniert?«

Hören auf dem Appellohr

Den Satz »Die Suche nach neuen Kundengruppen für die Datenbank Pandora hat bei uns noch nie geklappt!« können Sie aber auch als Aufforderung zum Handeln verstehen. Das Appellohr hört: »Ich soll etwas tun, handeln, aktiv werden!« In unserem Beispiel könnten Sie den Appell hören: »Leisten Sie diesmal bessere Arbeit als das früher der Fall war!« oder »Besprechen Sie mit uns besser ein anderes Thema als die Suche nach Kunden für diese Datenbank!« Mögliche Reaktionen Ihrerseits können sein:

- »Ich habe mir für diese Sitzung ein besonderes Verfahren ausgedacht, mit dem wir sicherlich brauchbare Ergebnisse erzielen werden.«
- »Ich halte es dennoch für wichtig, dass wir mit diesem Thema beginnen, weil...«
- »Was sollten wir Ihrer Meinung nach stattdessen tun?«

Hören auf dem Selbstoffenbarungsohr

Mit jeder Botschaft, die jemand sendet, offenbart er etwas über seine Person. Entsprechend können Sie wahrnehmen, was der andere Ihnen über sich selbst als Person mitteilt. Ihr Selbstoffenbarungsohr hört: »Du über dich! Das offenbart der andere also über sich, seinen momentanen Zustand, seine Gefühle, Befindlichkeit.« Aus der Nachricht »Die Suche nach neuen Kundengruppen für die Datenbank Pandora hat bei uns noch nie geklappt!« hören Sie möglicherweise folgende Selbstoffenbarung des Sprechers heraus: »Ich habe mehr als genug mit den alten Kundengruppen zu tun, bin bis über beide Ohren mit Arbeit voll, ich mag keine neuen Kunden mehr bearbeiten.« Oder: »Ich hätte mich eigentlich schon lange mit neuen Kundengruppen beschäftigen sollen, was ich einfach verschlafen habe. Das macht mir ein schlechtes Gewissen und ich habe Angst, hier in der Besprechung vorgeführt zu werden...«

Für den Fall, dass Sie ausschließlich auf diesem Ohr hören, könnten Sie folgendermaßen reagieren:

- »Ich weiß, dass Sie bisher keine Zeit hatten, sich mit dem Thema zu beschäftigen, da die Beackerung der alten Kunden viel Zeit in Anspruch genommen hat. Und das hat sich ja auch in den guten Zahlen im letzten Jahr niedergeschlagen. Für den Fall, dass wir erfolgversprechende neue Kunden angehen, heißt das natürlich, dass wir beide uns ...«
- Sie könnten aber auch fragen: »Was genau, erscheint Ihnen hier schwierig?«

Hören auf dem Partnerohr

Wenn Sie dieses Ohr weit aufgesperrt haben, sind Sie für den Aspekt der Nachricht empfänglich, der sich auf Ihre eigene Person bezieht. Sie hören das, was der andere über Sie persönlich aussagt: »Du über mich, wie siehst du mich, was hältst du von mir?« Aus dem Satz »Die Suche nach neuen Kundengruppen für die Datenbank Pandora hat bei uns noch nie geklappt!« hören Sie vielleicht: »Sie sind noch viel zu jung und unerfahren, um ein solches Thema einigermaßen erfolgreich in der Besprechung abzuarbeiten.« Oder: »Sie sind als Besprechungsleiter nicht auf dem Laufenden, sonst wüssten Sie, dass dieses Thema in unserer Abteilung keinen Anklang findet.« Sie könnten aber auch hören: «Toll, Sie sind aber mutig, dass Sie sich das mit uns zutrauen!« Entsprechend kann Ihre Reaktion ausfallen:

- (mit etwas flauem Gefühl im Magen) »Ich habe in meiner letzten Verwendung schon eine Reihe derartiger Workshops durchgeführt, und in allen Fällen ...«
- (mit freudigem Lächeln) »Also, ich bin auch ganz zuversichtlich, dass wir heute ... nachdem ich mitbekommen habe, wie Sie in den letzten Wochen ...«

»Wovon hängt es denn nun ab, auf welchem Ohr ich eine Botschaft höre? Was empfehlen Sie mir für den Umgang mit Störungen und Konflikten in Besprechungen?«

»Natürlich ist für die Auswahl Ihrer Ohren die Art entscheidend, wie die Botschaft vermittelt wurde: also Stimme, Ton, Mimik, Körpersprache. Hinzu kommt die Vorgeschichte, die Sie mit dem Sender der Botschaft verbindet. Dann sind da noch Ihre aktuelle Stimmungslage, Ihr Energiehaushalt, Ihre momentane Lebenssituation, Ihre Lebenserfahrung. So hören beispielsweise jüngere Mitarbeiter häufig stark mit dem Partnerohr. Sie versuchen, den Nachrichten der anderen Kollegen zu entnehmen, wie sie ›ankommen‹, wo ihr Platz in der Organisation ist, ob das, was sie leisten, anerkannt wird. Wenn Sie sich in exponierter Stellung wie in einer Leitungsrolle auch noch etwas unwohl fühlen, dann kann es geschehen, dass Sie kritische Teilnehmeräußerungen auf sich persönlich beziehen, also überwiegend mit dem Partnerohr hören.«

»Diese Situation ist mir vertraut. Ich habe bei kritischen Äußerungen meiner Mitarbeiter häufig das Gefühl, mich rechtfertigen zu müssen. Ich verfalle immer wieder in eine Verteidigungshaltung. Heißt das aber nicht, dass ich als Besprechungsleiter am besten fahre, wenn ich nur auf dem Sachohr höre? Vor allem bei Störungen?«

»Nun, wichtig ist erst einmal, sensibel dafür zu werden, mit welchen Ohren Sie in Konfliktsituationen überhaupt hören. Das gilt nicht nur in Besprechungen. Dann ist es hilfreich, in Konfliktsituationen das Partnerohr, also das Ohr, auf dem Sie hören, was der andere über Sie persönlich aussagt, erst einmal möglichst geschlossen zu halten. Wenn Sie massive Störungen wahrnehmen, sollten Sie verstärkt auf dem Selbstoffenbarungsohr hören. Das können Sie durch Fragen unterstützen: ›Was stört Sie im Moment?‹, ›Wo genau liegt Ihr Ärger?‹, ›Was beunruhigt Sie an dem Thema?‹. Versuchen Sie, den Ärger Ihres Gegenübers zu verstehen. In einem zweiten Schritt geht es darum, mit dem Sachohr die Fakten in den Griff zu bekommen. Fragen dazu: ›Was ist genau geschehen?‹, ›Was hat in der Vergangenheit die Probleme ausgelöst‹, ›Wie sehen Sie die Chance ... und warum...?‹

Es geht darum, die Debatte möglichst zu versachlichen, gleichzeitig den anderen mit seinen Gefühlen ernstzunehmen. Und Sie selbst bleiben handlungsfähig: Wenn Sie in kritischen Situationen einen Eindruck davon bekommen, wo der Ärger des anderen liegt, fühlen Sie sich nicht mehr so sehr in der Schußlinie, wie in den ersten Minuten, nachdem Ihnen das »Alles Unsinn hier mit dieser Suche...« über Ihr Partnerohr in die Glieder gefahren ist.«

»Und wo bleibt das Appellohr bei Ihrem Vorgehen? Ich kann mir vorstellen, dass es ganz sinnvoll ist, am Ende einer Diskussion immer auch mal nachzuspüren, was denn jetzt zu tun ist.«

»Das sehe ich auch so. Vor allem in der Verantwortung als Besprechungsleiter stellen sich für Sie immer wieder folgende Fragen: ›Was bedeutet das Ergebnis des Gesprächs für die nächsten Schritte in dieser Besprechung?‹, ›Was bedeutet das Ergebnis für die Zeit nach der Sitzung?‹, ›Welche Maßnahmen ergeben sich aus dem Besprochenen?‹, Was muss in den Maßnahmenplan aufgenommen werden?‹, ›Wer macht was bis wann?‹, Und: ›Was soll im Protokoll erscheinen?‹«

INFO

Empfehlung für eine stressreduzierte »Ohrenschaltung« in kritischen Situationen

Ausgangslage: Sie nehmen Signale des Ärgers, der Kritik, des Protestes von einem anderen wahr.

1. **Bitte zuerst das Selbstoffenbarungsohr einschalten:** *Was offenbart der andere über seine Person?* Fragen Sie beispielsweise
   - *»Was stört Sie im Moment?«*
   - *»Wo genau liegt Ihr Ärger?«*
   - *»Was beunruhigt Sie an dem Thema?«*

2. **Danach das Sachohr einschalten:** *Was ist Sache, worum geht es inhaltlich genau*? Fragen Sie beispielsweise:
   - *»Was ist genau geschehen?«*
   - *»Wie würden Sie das Problem beschreiben?«*
   - *»Was ist dann geschehen, was dann, welche Folgen können Sie beschreiben?«*
   - *»Wenn Sie das einmal in Zahlen ausdrücken, was...?«*

3. **Anschließend das Appellohr einschalten:** *Was soll ich tun, wie soll ich tätig werden?* Fragen Sie den anderen beispielsweise:
   - *»Was sind Ihrer Meinung nach die nächsten Schritte?«*
   - *»Was wollen Sie jetzt tun?«*
   - *»Wie soll ich mich also verhalten, wie kann ich tätig werden?«*
   - *»Wer soll jetzt in welcher Weise tätig werden?«*

   Fragen Sie aber auch sich persönlich beispielsweise:
   - *»Was wird von mir verlangt und wie will ich damit umgehen?«*
   - *»Welche nächsten Schritte könnte ich mir für mich und für andere vorstellen?«*

4. **Nach dem Gespräch bitte das Partnerohr einschalten:** *Was hat der andere über mich ausgesagt?* Fragen Sie sich persönlich beispielsweise:
   - *»Was hat der andere in dem Gespräch über mich ausgesagt, wie sieht er mich?«*
   - *»Was habe ich Positives über mich in dem Gespräch herausgehört? Und was bedeutet das für mein weiteres Handeln?*
   - *»Was habe ich Kritisches über mich herausgehört? Was will ich davon später noch klären und was bedeutet dies für mein weiteres Handeln?«*
   - *»Was lerne ich aus dem Gespräch über mich?«*

Wann auf Störungen reagieren? Mit welcher Einstellung aktiv werden?

Sobald es kriselt, können Sie etwas unternehmen – Sie können es aber auch sein lassen! Vom Aussitzen und Angreifen – wozu tendieren Sie?

Selbst für den Fall, dass beispielsweise Teilnehmer untereinander streiten, jemand dumme Witze macht oder permanent mit Killerphrasen um sich wirft, müssen Sie in Ihrer Rolle als Besprechungsleiter nicht auf jede Situation offensiv reagieren. Kümmern Sie sich um einen Konflikt oder um eine Störung erst dann, wenn Sie das sichere Gefühl haben, dass der Ablauf der Sitzung oder das Erreichen des Besprechungszieles massiv gefährdet sind. Das wird natürlich von Sitzung zu Sitzung und von Teilnehmerkreis zu Teilnehmerkreis unterschiedlich sein. Es ist nicht Ihre Aufgabe, jede Besprechung als Konfliktlöseforum für betriebliche Alltagsprobleme zu sehen. Störungen haben Vorrang, aber nur soweit es sich um Störungen handelt, die das Gelingen der Sitzung in Frage stellen.

Für Sie als Verantwortlicher in der Sitzung wird es dadurch nicht unbedingt leichter. So mancher Besprechungsleiter, der darauf verzichtet, auf erste Störungssignale zu reagieren, wird plötzlich von einem handfesten Konflikt überrascht, während ein anderer glaubt, frühzeitig ein Signal als ernstzunehmende Störung diagnostizieren zu müssen, mit dem Erfolg, dass es dann erst richtig losgeht, was sonst nicht der Fall gewesen wäre.

Für das rechte Maß gibt es keine Formel. Sie entwickeln ein Gefühl dafür, indem Sie Erfahrungen machen und diese für sich auswerten:

- Warum habe ich in der Situation eingegriffen?
- Welche Signale haben mich dazu veranlaßt?
- Was hat mein Handeln erreicht?
- Wie würde ich in der gleichen Situation beim nächsten Mal handeln?

Wir meinen: Lieber einmal mehr eingreifen, als einmal zuwenig. Nur wer Erfahrungen sammelt, Rückmeldungen einholt und das eigene Handeln reflektiert, hat die Chance immer sicherer und souverän zu werden. Konkrete Tipps für Ihr Handeln bieten wir in den beiden folgenden Kapiteln. Hier nun für Sie die Möglichkeit, ein Konfliktreaktionsprofil zu zeichnen. Wozu neigen Sie in Besprechungen? Welche Vorteile und mögliche Nachteile hat die jeweilige Haltung?

Konflikte

»Konflikten gehe ich aus dem Weg – Ausweichen und Aussitzen ist meine Devise.«

trifft *häufig* auf mich zu				trifft *selten* auf mich zu
5	4	3	2	1

Vorteile für mich als Besprechungsleiter
Manches erledigt sich einfach von selbst, man muss mit der Besprechung nur weitermachen. Und wer weiß, was geschieht, wenn ich den Konflikt anspreche. Außerdem werden die Konflikte im Laufe der Zeit weniger wichtig.

Nachteile für mich als Besprechungsleiter
Latente Konflikte können das Besprechungsklima belasten. Die Betroffenen »rächen« sich möglicherweise an anderer Stelle während der Sitzung, bekämpfen sich bei einer Sachfrage, die sonst unproblematisch wäre. Es kann auch zu einem Transfer des Konfliktes außerhalb der Sitzung kommen.

»In Konflikten gebe ich schon mal klein bei – wieso sich die Arbeit machen, kostet doch nur Kraft?«

trifft *häufig* auf mich zu — trifft *selten* auf mich zu

[5] [4] [3] [2] [1]

Vorteile für mich als Besprechungsleiter

Unangenehme Themen kommen nicht auf den Tisch. Wir kommen in der Besprechung schneller voran. Ich vermeide das Risiko, dass die Besprechung im Streit endet.

Nachteile für mich als Besprechungsleiter

Das Ansehen des Leiters wird nachhaltig beschädigt: *»Man muss nur genug Druck machen, dann kippt er schon um«*. Mein Verhalten kann geradezu zu aggressiven Situationen einladen. Ich laufe Gefahr, dass ich auch außerhalb der Sitzung als »Umfaller« und als »Wackelkandidat« angesehen und entsprechend behandelt werde.

»Angriff ist die beste Verteidigung – sobald mir jemand querkommt schieße ich zurück!

trifft *häufig* auf mich zu — trifft *selten* auf mich zu

[5] [4] [3] [2] [1]

Vorteile für mich als Besprechungsleiter

Schnelles Erledigen konfliktgeladener Situationen, Störungen können im Keim erstickt werden. Meine dominante Rolle als Leiter ist nicht gefährdet. Außerdem werde ich auch außerhalb der Sitzung als »knallhart« wahrgenommen. Mit mir legt sich so schnell keiner an.

Nachteile für mich als Besprechungsleiter

Das Besprechungsklima bekommt etwas Kriegerisches, es geht um Gewinner und Verlierer, um Unterlegene, um Durchsetzung, Schnelligkeit, Härte. Kreative Arbeitsprozesse verlieren an Gewicht, die Stilleren ziehen sich eher zurück. Es besteht die Gefahr, dass ich auch außerhalb von Sitzungen eher gemieden und vielleicht übergangen werde.

»Konflikte gehe ich offensiv an und versuche in der offenen Auseinandersetzung mit meinem Gegenüber wieder Handlungsfähigkeit herzustellen.«

trifft *häufig* auf mich zu — trifft *selten* auf mich zu

[5] [4] [3] [2] [1]

Vorteile für mich als Besprechungsleiter

- Ich zeige Mut vor allen anderen Besprechungsteilnehmern, indem ich mich dem Konflikt stelle.
- Ich signalisiere mein Interesse an der Lösung einer Störung, damit wieder in Richtung Ziel weitergearbeitet werden kann.
- Ein auf diese Art und Weise geklärter Konflikt stört den weiteren Ablauf der Besprechung nicht.
- Ich werde von den meisten Besprechungsteilnehmern als jemand wahrgenommen, der die Situation in den Griff zu bekommen versucht, dem es um die Sache geht.

Nachteile für mich als Besprechungsleiter

Eine offensive und offene Konfliktbewältigung kostet Kraft und Konzentration und ist manchmal gegen die eigenen Gefühle gerichtet: *»Am liebsten möchte ich mal allen gehörig die Meinung sagen!«* Wie bei jedem Versuch, durch Kommunikation eine Lösung zu erzielen, gibt es auch hier keine Garantie des Gelingens.

Mögliche Fragen zur Auswertung Ihrer Antworten:

- Wenn ich mir das Gesamtbild meiner Einstellungen anschaue: Wie zufrieden bin ich mit meiner bisherigen Haltung?
- Was möchte ich überdenken?
- Wozu benötige ich noch Informationen, worauf möchte ich ich beim Lesen der folgenden Kapitel, in denen es um konkretes Verhalten in kritischen Situationen geht, gezielt achten?

Konflikte und Störungen offensiv angehen – so können Sie vorgehen

Es knallt! »Was mache ich jetzt bloß als erstes? Und was danach und was dann?« Neun Schritte, die Ihnen Sicherheit geben können. Ein Crash-Kurs in Sachen Krisenmanagement.

Schritt 1: **Die Störung, den Konflikt wahrnehmen.** Was erlebe ich im Moment? Wie geht es mir dabei? Was sind meine Gefühle in dieser Situation? Was höre ich auf dem Selbstoffenbarungsohr, Sachohr, Appellohr, Partnerohr?

Schritt 2: **Ich muss für mich als Besprechungsleiter entscheiden.** Erlebe ich diese Störung so, dass sie den Arbeitsprozess massiv behindert und die Zielerreichung in Frage stellt? Kann ich über die Störung erst einmal hinwegsehen und -hören, da der Arbeitsprozess nicht übermäßig in Gefahr ist?

Schritt 3: **Überlegen, ob entweder eine Pause sinnvoll und möglich ist, in der ich als Besprechungsleiter mit den Beteiligten rede, oder ob ich die Störung direkt anspreche.**

Schritt 4: **Störung ansprechen.** Möglichst neutral bleiben. Eigene Beobachtungen mitteilen. Allen gleichermaßen mit Wertschätzung begegnen. Das Anliegen des Arbeitsprozesses wiederholen, nämlich das Erreichen der eingangs besprochenen Ziele. Wichtig: Vorsicht mit Schuldzuweisungen und wertenden Verhaltenszuschreibungen wie: »Sie stören«, «Ihr Verhalten verhindert eine ...«, »An Ihnen liegt es, dass wir ...«; stattdessen: Das von mir wahrgenommene Verhalten beschreiben und erläutern, warum ich mich gestört fühle.

Schritt 5: **Die Betroffenen beziehungsweise Verursacher nach ihrem Anliegen in der Situation fragen.** »Worum geht es Ihnen?«, »Was kann in dieser Sitzung geleistet werden, um Ihrem Anliegen gerecht zu werden?«,

Schritt 6: **Die Gruppe um Rückmeldung zur Situation bitten.** »Wie sehen die anderen die Situation?«

Schritt 7: **Überlegen, ob ich als Leiter die Klärung des Konflikts oder der Störung während der Besprechung ermöglichen will oder ob dies außerhalb der Besprechung geschehen soll.** Welchen Nutzen würde eine sofortige Klärung für die Besprechung oder langfristig für die Betroffenen oder die anderen Teilnehmer haben? Was bedeutet eine sofortige Konfliktbearbeitung für die zur Verfügung stehende Zeit?

Schritt 8: **Den Betroffenen und den Teilnehmern vorschlagen, wie ich als Besprechungsleiter weiter vorgehen möchte, und weiteres Vorgehen vereinbaren.** Vorschlag begründen. Perspektive aufzeigen für den Fall, dass die Konfliktlösung nach der Sitzung stattfinden soll (eventuell Hilfe bei der Konfliktlösung anbieten, beziehungsweise bei der Suche nach begleitenden Dritten behilflich sein). Bereitschaft der Betroffenen und der Gruppe über das vorgeschlagene Vorgehen abfragen. Eventuell Spielregeln für das weitere Vorgehen vorschlagen und mit der Gruppe vereinbaren, damit ähnliche Störungen in Zukunft vermieden werden können

Schritt 9: **Für den Fall, dass eine Konfliktklärung in der Gruppe stattfinden soll: Zeitdauer vorschlagen.** Ziel der Konfliktklärung anbieten – beispielsweise Verständlichmachen der gegenseitigen Perspektiven, damit alle wissen, woran sie sind. Spielregeln anbieten, beispielsweise

- Schuldzuweisungen vermeiden, stattdessen das eigene Anliegen vortragen und vertreten,
- ausreden lassen und zuhören.

»Muss ich bei jeder kleinen Störung diesen ganzen Ablauf durchgehen? Ist doch ziemlich aufwendig, oder? Ich kann mir schwer vorstellen, dass das irgendein Besprechungsleiter in seiner Praxis wirklich so macht.«

»Erfahrene Besprechungsleiter erzählen natürlich nicht permanent, was in ihrem Kopf vorgeht. Die meisten nutzen jedoch so einen Ablaufplan, um in kritischen Situationen Sicherheit zu bekommen. Probieren Sie es einmal aus: Kopieren Sie sich diese Seiten und legen sie neben Ihre Unterlagen. Dann gehen Sie die einzelnen Punkte während eines Konflikts einmal durch. Prüfen Sie dabei immer wieder, was Ihnen hilft, was Sie verändern und was Sie weglassen würden. So entsteht im Laufe der Zeit Ihr persönlicher Kriseninterventionsplan. Und nur so entwickeln Sie auch Leitungskompetenz in Besprechungen und bei Störungen.«

Was machen Sie als Besprechungsleiter, wenn ...

... Plaudertaschen reden und reden, Schweigsame aber auch gar nichts sagen, liebe Kollegen engagiert mit einem völlig fremden Thema anfangen, Sie als Leiterin oder Leiter angegriffen werden, Teilnehmer sich in Detaildiskussionen verbeißen, Killerphrasen die Runde machen und keiner pünktlich zum Rendezvous erscheint?

... Plaudertaschen reden und reden und reden?

Hören Sie intensiv mit Ihrem Selbstoffenbarungsohr: Was sagt der Vielredner über sich selbst aus, wie lauten seine Ich-Botschaften? Ist es Begeisterung über ein bestimmtes Thema? Ist es Sorge, dass ein bestimmter Aspekt einer Fragestellung nicht berücksichtigt wird? Oder ist es einfach die pure Lust am Sprechen? Und dann Ihr Appellohr: Wie können Sie ihm helfen, ohne dass die Besprechung gefährdet ist oder andere zu kurz kommen? Bleiben Sie wertschätzend der Person gegenüber. Setzen Sie aber gleichzeitig deutliche Signale, dass Sie die Leitung nicht aus der Hand geben. Unterbrechen Sie auf eine elegante Art und Weise, indem Sie Schlüsselworte des anderen übernehmen und dann mit einer Frage an die anderen oder mit einem eigenen Vorschlag fortfahren: »›Kostenbewusstsein‹ war Ihr letztes Beispiel, Herr ..., das ist auch aus meiner Sicht ein wichtiges Argument. Daher möchte ich von allen hier im Raum einmal wissen, wie sie sich die Umsetzung vorstellen. Vielleicht einmal der Reihe nach, Frau ...!«

Was können Sie noch tun? Da Vielredner gerne das schon einmal Gesagte wiederholen, visualisieren Sie wichtige Aussagen, Standpunkte, Fragen. Sie können mit dem Hinweis darauf, dass ein bestimmter Punkt schon besprochen und festgehalten wurde, um Abbruch der Diskussion bitten.

Und noch etwas: Nutzen Sie Pausen oder ein Gespräch im Anschluss an die Besprechung oder schon im Vorfeld zu einer bevorstehenden Besprechung und reden Sie mit Ihrem »Lieblings-Vielredner«. Je nachdem, wie Ihre beiderseitige Beziehung ist, können Sie um Zurückhaltung bitten; Sie können aber auch versuchen, seine Position zu verstehen (großes Selbstoffenbarungsohr) und überlegen, wie Sie dafür in der Besprechung einen besonderen Platz einräumen.

... Schweigsame aber auch gar nichts sagen?

Vielleicht freuen Sie sich ja, wenn alles ruhig bleibt. So geht Ihre Besprechung ohne Ärger schnell zu Ende. Vielleicht sind Sie aber auch auf die inhaltlichen Anregungen der Teilnehmer angewiesen, dann stört das Schweigen. Bevor Sie Ihre »Lieblings-Schweiger« nicht mehr zu Besprechungen einladen oder aus einer laufenden Sitzung herauswerfen, überlegen Sie sich einmal Folgendes:

- Was behindert in der aktuellen Besprechungssituation die Beteiligung zurückhaltender Mitarbeiter? Was geschieht denn gerade auf der Beziehungsebene?
- Wo liegen die Stärken dieser Menschen?
- Wie können Sie auch die Ruhigen dazu bringen, sich zu beteiligen, ohne dass diese sich vorgeführt und bloßgestellt fühlen?

Jetzt können Sie aktiv werden. Mit einer Kartenabfrage sollen sich alle Teilnehmer schriftlich zu einem Thema äußern. Mit einem Meinungsbild – »Jeder sagt der Reihe nach, was ihm zum Thema ... im Bereich ... einfällt« – lassen Sie alle zu Wort kommen. Sie können Einzelne gezielt ansprechen: »Herr ..., Sie haben doch vor zwei Monaten ein ähnliches Problem sehr elegant bei Ihrem Kunden ... gelöst. Wie sind Sie da vorgegangen?« Und später weiter: »Wenn Sie mit der Erfahrung, die Sie da vor zwei Monaten gemacht haben, heute mit dem aktuellen Problem bei Kunden konfrontiert würden, was wäre Ihr Vorschlag ...?« Wichtig: Wenn Sie die Schweigsamen direkt ansprechen, begründen Sie Ihre Frage und fragen Sie offen, um den Eindruck zu vermeiden, den anderen vorführen zu wollen.

... liebe Kollegen engagiert mit einem Thema anfangen, das aber auch gar nicht in die heutige Besprechung gehört?

Richten Sie zu Beginn einer jeden Besprechung, in der dieser Fall auftreten könnte, einen Fragenspeicher ein: Fragen, die während des gesamten Arbeitsprozesses auftreten und nicht sofort beantwortet werden können oder nicht direkt zum Thema gehören, werden notiert und an einer extra dafür vorgesehenen Stelle (Flipchart, Whiteboard, Extrafolie) »geparkt«. Damit bekommen manche Störungen in der Gruppe oder besondere Bedürfnisse Einzelner einen angemessenen Platz. Die Fragen werden zu einem festgelegten Zeitpunkt (meistens am Ende der Sitzung, wieder aufgegriffen und bearbeitet. Tipps zum Vorgehen sind:

- Der Zweck eines Fragenspeichers wird vom Besprechungsleiter situationsbezogen eingeführt. Es wird in der Gruppe ein Zeitpunkt festgelegt, zu dem der Speicher abgearbeitet wird.

- Können bestimmte Fragen während der Arbeitssitzung nicht geklärt werden, weist der Besprechungsleiter auf die Möglichkeit hin, sie in den Speicher aufzunehmen. Er selbst oder ein anderer Teilnehmer formuliert die entsprechende Frage.
- Bevor die Besprechung beendet wird, muss auf jeden Fall auf die Fragen eingegangen werden: Hat sich die Frage im Verlauf der Sitzung erledigt? Wer macht was im Anschluss an die Besprechung, um die Frage zu beantworten? Wie wird die Antwort kommuniziert?

... Sie massiv angegriffen werden?

Beispiel: »Warum sind Sie so schwach und lassen sich von der Geschäftsleitung kritiklos das Thema neue Kundengruppen für Pandora aufdrängen, das wir dann hier abarbeiten müssen, obwohl das doch völlig sinnlos ist, wie jeder hier im Raum weiß?«

Pause, Pause, Pause machen! Also auf keinen Fall sofort reagieren, zurückschießen oder meinen, umgehend eine elegante Erwiderung parat haben zu müssen. – Stattdessen tief und lange ausatmen, ruhig wieder einatmen. Schalten Sie das Selbstoffenbarungsohr und das Sachohr ein, fragen Sie nach: »Ich höre viel Unzufriedenheit bei Ihnen. Was konkret ist es ...?« Oder: »Mir ist im Moment nicht klar, worum es Ihnen geht, was meinen Sie mit ...?« Oder »Womit sind Sie im Moment nicht einverstanden? Bitte bringen Sie ein Beispiel, damit ...«

Hören Sie aufmerksam zu: Worum geht es dem anderen? Was ist sein Thema? Und dann: Zu welchem der vielleicht mehreren Teilaspekte, die Sie wahrgenommen haben, möchten Sie sich äußern und zu welchen nicht?

Geht es im Moment um ein inhaltliches, ein methodisches oder ein Problem auf der Beziehungsebene? Vorsicht vor dem spontanen Wechsel der Ebenen!

Wollen Sie wirklich auf die emotional gefärbten Teile des Argumentes eingehen, also auf »sind Sie so schwach ... kritiklos das Thema aufdrängen ... völlig sinnlos«, oder wollen Sie diese einfach überhören (was wir empfehlen) und lieber mit dem Sachohr arbeiten, also beispielsweise auf »Geschäftsleitung will das Thema neue Kundengruppen«, oder »Wie sinnvoll ist das Suchen neuer Kundengruppen« eingehen?

Dann antworten Sie, indem Sie erst einmal Ihr Thema formulieren und dann Ihre Argumente. Schließen Sie mit einem Vorschlag zum weiteren Vorgehen ab. Beispielsweise: »Wenn ich Sie richtig verstanden habe, geht es Ihnen um die Frage, warum wir den Umsatz mit unserer Datenbank Pandora verdoppeln müssen und nicht versuchen, mit unseren vier anderen Produkten ... Aus meiner Sicht sprechen drei Gründe dafür, nämlich ... Für unser weiteres Vorgehen in dieser Besprechung schlage ich nun vor ...«

Eine bestimmt, jedoch freundlich vorgetragene und eindeutig artikulierte Position kann für die anderen Teilnehmer richtungsweisend wirken und Ihre Souveränität als Sitzungsleiter unterstreichen: »Sie interpretieren mein Verhalten der Geschäftsleitung gegenüber als ›kritiklos‹. Darüber möchte ich hier nicht diskutieren. Wenn Sie im Anschluss an die Sitzung Zeit haben, erkläre ich Ihnen mein Verhalten gerne in einem persönlichen Gespräch. Das Thema, um das es mir im Moment geht, lautet...«

... Teilnehmer sich in Detaildiskussionen verbeißen, keiner mehr weiß, worum es eigentlich geht?

Wenn es ganz schlimm kommt: eine Pause anbieten, Fenster öffnen, Kaffee ausschenken. Gleichzeitig überlegen, wie Sie den aktuellen Diskussionsstand visualisieren können, beispielsweise auf einem Flipchart. Beginnen Sie nach der Pause mit einer kurzen Bestandsaufnahme des bisherigen Geschehens und bieten Sie Fragen oder konkrete Arbeitsschritte für das weitere Vorgehen an. Wichtig: Visualisierungen wirken Wunder!

... Sie mit Killerphrasen konfrontiert werden?

Killerphrasen sind Behauptungen in einem Wortwechsel, die

- vom Sprecher nicht begründet werden,
- kaum »auf die Schnelle« zu widerlegen sind,
- immer wieder auch mal einen wahren Kern beinhalten können,
- häufig emotional aufgeladen sind,
- Ihre inhaltlichen Ausführungen total in Frage stellen oder als unsinnig, naiv, blauäugig, praxisfremd wirken lassen,
- Sie als Person in Frage stellen können,
- dem Sprecher in der Position des Überlegenen das letzte Wort lassen sollen.

Beispiele für Killerphrasen: »Das ist bei uns immer schon schief gegangen!«, »Das haben wir schon immer so gemacht.«, »Wir können hier ja ganz offen sein, das, mein lieber Herr..., wird die Geschäftsleitung nie und nimmer akzeptieren.«, »Man merkt, dass Sie nicht aus dem Vertrieb kommen!«, »Die Vorschläge in Ihrem Buch klingen aber sehr theoretisch.«, »Ich bin seit zwanzig Jahren in diesem Betrieb, da kann ich Ihnen genau sagen, wie das mit Ihrer Idee enden wird: sehr, sehr schlimm.«

Was ist zu tun? – Die Konfrontation mit Killerphrasen ist meistens unerfreulich. Vor allem deshalb, weil sie die unausgesprochene Botschaft transportieren: »Ich will gar nicht argumentieren, möchte gar nicht in Ruhe und fair Ansichten und Meinungen mit dir austauschen, bin gar nicht an der Veränderung meiner festen Meinung interessiert, möchte nur verunsichern, das letzte Wort behalten.« Gleichzeitig bieten Killerphrasen auf der inhaltlichen Ebene Argumente, denen oft auch etwas Wahres anhaftet.

Wenn Sie sich entscheiden, auf die Killerphrase einzugehen, empfehlen wir Ihnen, den anderen mit Fragen in die Beweispflicht zu bringen. Überlegen Sie sich dabei aber auch immer, zu welchem in einer allgemeinen Killerphrase steckenden Thema Sie vom anderen Inhalte geliefert bekommen wollen.

Killerphrase: »Hier in der netten Besprechungsrunde klingt das ja schön und gut. Aber draußen, in der Praxis bei unseren Kunden da klappt das nie und nimmer.«

- **Reaktion 1:** »Sie sprechen die Vorteile unseres Vorschlags an. Was klingt Ihrer Meinung nach positiv? Was noch?«
- **Reaktion 2:** »Sie meinen, dass der Verkauf von ... nicht so leicht verlaufen wird. Wo sehen Sie Schwierigkeiten? Wenn Sie einmal die drei größten Probleme aus Ihrer Sicht skizzieren, ich schreibe am Flipchart mit. Ich möchte anschließend mit der Gruppe zusammen erste Ideen entwickeln, wie wir mit diesen Schwierigkeiten am besten umgehen.«

Bleiben Sie bei diesem Vorgehen freundlich und an der Sache orientiert. Gleichzeitig signalisieren Sie der Gruppe, dass man bei Ihnen mit allgemeinen und unüberlegt dahergeredeten Phrasen nicht durchkommt. Außerdem können Sie noch:

- die Killerphrase elegant überhören und mit Ihren Ausführungen einfach fortfahren, in der Hoffnung, dass Ihr Gegenüber die Lust am Weitermachen verliert.
- das Thema, das mit einer Killerphrase angesprochen wird, bewusst vertagen oder wegdrücken: Killerphrase: »Das Vorgehen hat in unserer Abteilung noch nie funktioniert, wir haben es schon mindestens fünfmal versucht.« Ihre Antwort: »Ich möchte

an dieser Stelle noch nicht auf die methodische Umsetzung eingehen. Dazu mache ich Ihnen beim Tagesordnungspunkt ... einen Vorschlag. Mir liegt im Moment die Frage am Herzen, wie ...«

- Sie können außerdem versuchen, den auch für Sie interessanten Kern des Killerarguments herauszuschälen und einen Vorschlag für das weitere Vorgehen zu machen: »Sie haben Recht, der heutige Lösungsversuch hat eine Reihe von interessanten Vorgängern. Aus deren Scheitern haben wir jedoch gelernt. Beispielsweise ... Daher sieht unser weiteres Vorgehen folgendermaßen aus ... Wir werden ...«
- Sie können versuchen, eine Killerphrase elegant mit einer anderen zu parieren. Killerphrase: »Das geht nicht so einfach, wie Sie sich das vorstellen!« Ihre Antwort: »Da höre ich den Theoretiker aus Ihnen sprechen.« Der Vorteil: Sie behalten das letzte Wort, haben möglicherweise die meisten Lacher auf Ihrer Seite. Der Nachteil: Sie laufen Gefahr, in einen Beziehungskonflikt hineinzurutschen, der Ihre Leiterrolle gefährdet. Schnell wird aus einem Schlagabtausch ein Konflikt, in dem Sie die Übersicht über den Besprechungsprozess verlieren. Hinzu kommt, dass es gar nicht so leicht ist, zu jeder Killerphrase schnell eine entsprechende Antwort zu finden. Und gelegentlich wird Ihre elegante Antwort mit einer neuen Killerphrase gekontert, was die Stimmung schnell eskalieren lässt.

... während der Sitzung dauernd die Handys klingeln, tuten, quietschen, piepsen, singen, etc.?

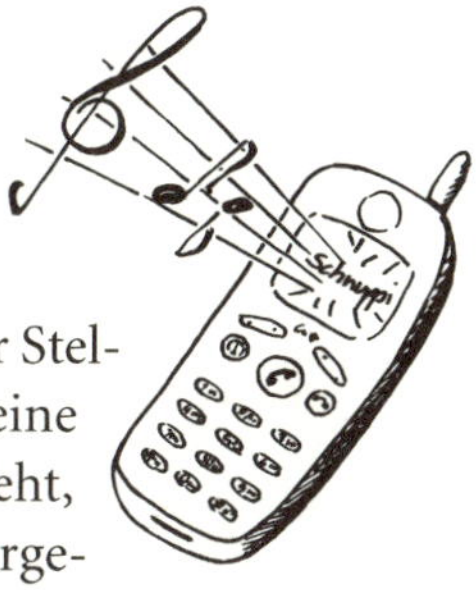

Da gibt es nur eine Möglichkeit: Spätestens an dieser Stelle sollten Sie zusammen mit den Teilnehmern eine Handy-Regelung vereinbaren. Was danach geschieht, geschieht gewollt und wird weniger als Störung wahrgenommen als vorher.

... keiner pünktlich ist?

Der Zeitforscher Karlheinz A. Geißler behauptet, dass in unserer Welt die Pünktlichkeit von der Erreichbarkeit abgelöst werde. Vielleicht kennen Sie auch das Phänomen, dass Sie am verabredeten Ort zur verabredeten Zeit plötzlich einen Anruf erhalten und Ihnen mitgeteilt wird, »Gut, dass ich dich erreiche. Ich stehe jetzt gerade in der Buchhandlung Bittner in der Albertusstraße. Die packen mir noch die vier Bücher als Geschenke ein. Dann spar' ich mir zuhause dieses ewige Einwickeln. Wenn die fertig sind, bin ich locker in zehn Minuten bei Euch. Bis gleich also.« Vielleicht aber gehören Sie selbst zu dieser Art Anrufer: »Guten Tag Herr ... Haben Sie schon angefangen? Nein? Super! Natürlich kommen wir zu dem vereinbarten Workshop. Stehen im Moment noch mitten im Stau kurz vor der Autobahnausfahrt. Sie kennen das ja. Aber gut, dass Sie schon einmal Bescheid wissen. Je nachdem, wie die hier ihre Ampelschaltung in den Griff bekommen, sind wir gleich da. Bis dann.« »See you in a minute«, würde man in Großbritannien in diesem Fall das Gespräch elegant beenden.

Da wir als Autoren dieses Buches nun aber selbst nicht frei von der Unsitte des Zuspätkommens sind, sind wir ungeeignete Ratgeber in Fragen der Pünktlichkeit. Dafür leiden auch wir an den möglichen Konsequenzen des Zuspätkommens: Es tut sehr weh, verspätet am Ort eines romantischen Treffens zu erscheinen und zu erkennen, dass die Angebetete unseres Herzen diesen schon wieder verlassen hat. Auch nicht besser: Sie hat pünktlich mit dem Rendezvous begonnen, halt nur nicht mit uns. Was bleibt? Fangen Sie pünktlich an, zumindest mit Ihrer Besprechung.

Bleibt häufig auf der Strecke: Visualisierungen, Protokoll, Nachbereitung

Visualisierungen wirken Wunder!

Besprechungen, in denen viel visualisiert wird, verlaufen zielgerichteter und auch konfliktfreier. Sie dauern vielleicht ein klein wenig länger, dafür kommt mehr dabei heraus. Und trotzdem, wer macht sich schon die Mühe, nimmt einen Stift und fängt einfach an? Es würde sich lohnen!

Eine sorgfältig vorbereitete und von den Teilnehmern engagiert verfolgte Besprechung schafft sich oft ein besonderes Problem: Sie erzeugt in kurzer Zeit gute Ideen, brauchbare Vorschläge, nützliche Anregungen und überraschende Perspektiven, die zu zukunftsweisenden Entwicklungen führen können. Und dann? Dann wird vielleicht das eine oder andere Ergebnis ins Protokoll aufgenommen. Alles andere jedoch gerät mit der Zeit in Vergessenheit. Es sei denn, irgendein interessierter Zeitgenosse hat mitgeschrieben.

Wir sind der festen Überzeugung, dass in einer Besprechung, während der für alle nachvollziehbar visualisiert wird, zielgerichteter, disziplinierter und mit mehr Einverständnis gearbeitet wird als in einer Sitzung, in der ausschließlich geredet und gegen Ende langer Debatten mühsam um die Formulierung für das Protokoll gerungen wird.

Was kann visualisiert werden?

- Das Ziel der Besprechung bzw. der TOP.
- Die Agenda mit der Zeitstruktur.
- Teil-, Zwischen- oder Endergebnisse.

- Offene Fragen, Konfliktpunkte, kontroverse Standpunkte.
- Vorschläge, über die entschieden werden soll, besonders wenn es mehr als drei sind.
- Die Sammlung von Meinungen, Ideen, Standpunkten, Lösungsvorschlägen, die für das weitere Vorgehen von Bedeutung sind.
- Maßnahmen, Vorhaben, Pläne für die Zeit nach der Sitzung sowie
- letztlich alles, was aus Sicht der Gruppe oder des Besprechungsleiters schriftlich oder bildlich festgehalten werden muss, weil es für die Zielerreichung und den Arbeitsprozess nützlich ist.

»Das klingt, als ob eine Besprechung immer auch eine Mal- und Zeichenstunde sein soll. Was bringt mir denn das dauernde Mitschreiben?«

»Indem Sie versuchen, die Kernaussagen für alle sichtbar und verständlich zu Papier zu bringen, zwingen Sie sich und andere zur Präzisierung. Das hilft, Missverständnisse zu vermeiden. Gleichzeitig wissen alle, an welchem Punkt der Debatte die Gruppe gerade ist. Sie konzentrieren die Aufmerksamkeit auf den jeweils wichtigen Punkt. Hinzu kommt, dass Inhalte die gesamte Besprechungsdauer über einsehbar und damit verfügbar sind. Dauerredner können eingefangen werden, und die Gefahr, dass über alte Inhalte immer wieder von Neuem gesprochen wird, sinkt. Ganz wichtig: Nichts wirklich Wichtiges geht verloren, alles Geschriebene kann jederzeit weiterbearbeitet werden. Natürlich wird auch die Protokollerstellung erleichtert. Zum Schluss noch eine persönliche Erfahrung: In Sitzungen, in denen angemessen visualisiert wird, verhalten sich die Teilnehmer engagierter als in Sitzungen, in denen nur gesprochen wird. Vielleicht, weil Sie sehen können, wie ihre Anregungen zum Gelingen des Ganzen beitragen. Vielleicht auch deshalb, weil viele Menschen stolz sind, wenn sie ihre Ideen auf einer beschriebenen Flipchartseite wiederfinden. Ach ja, und noch etwas: Was einmal visualisiert wurde, bleibt den meisten Teilnehmern länger im Gedächtnis.«

»Schön, das sind ja eine Menge Vorteile. Warum wird dann aber in den meisten Besprechungen so wenig gemalt, skizziert oder geschrieben?«

»Ich möchte mit einigen persönlichen Beobachtungen antworten. Für viele Führungskräfte, die Besprechungen leiten, paßt es nicht in ihr Selbstbild, auch einmal an einem Flipchart zu stehen und etwas zu schreiben. Vielleicht haben Sie Angst, die Kontrolle über den Prozess zu verlieren. Dabei haben Sie den in der Rolle des Visualisierenden besonders gut im Griff. Probieren Sie es einmal aus! Ein weiterer Grund dürfte darin liegen, dass die meisten Menschen erst einmal ins Unreine formulieren, bevor sie etwas schriftlich festhalten. Wir empfehlen jedoch, das Visualisieren in Besprechungen als etwas Unfertiges anzusehen: Es soll die Arbeit unterstützen und kein veröffentlichungsreifes Dokument erzeugen. Nutzen Sie das Flipchart als Schmierpapier, streichen Sie durch, arbeiten Sie mit mehreren Farben und befreien Sie sich von dem Druck, ein schönes Bild erstellen zu müssen.«

»Ich glaube auch, viele Manager haben Angst, sich mit ihrer Schrift und ihren Zeichenkünsten vor einer Gruppe zu blamieren. Reden zu können, glaubt ja jeder.«

»Diese Beobachtung kann ich teilen. Da hilft nur eins: machen, machen, machen. Viele sind überrascht, wie leicht sie mit Stiften in einer Besprechung agieren können, wenn sie sich einmal konsequent dazu durchgerungen haben. Hier noch ein paar Tipps für Ihre Praxis:«

Welche Medien bieten sich an?

Unser Favorit, das **Flipchart**: Die visualisierten Informationen bekommen hohe plakative Wirkung, die Filzstifte sind besonders kontraststark, die einzelnen Blätter können abgehängt und für alle während des gesamten Prozesses gut sichtbar aufgehängt werden.

Die Pinnwand: Zusätzlich zum Anpinnen und Strukturieren von Karten jeder Größe, Form und Farbe kann die Pinnwand ersatzweise auch als Flipchart genutzt werden. Und wenn es um die Arbeit mit Karten geht, dann ist die Pinnwand besonders für kreative Ideenfindungsprozesse geeignet, bei denen es mehrfach zu Umstrukturierungen und Ergänzungen kommen kann.

Der Overheadprojektor: Auf den Folien kann mitgeschrieben werden. Anschließend dienen sie als Kopiervorlage für die Erstellung des Protokolls. Ein Nachteil: Ist die erste Folie einmal vollgeschrieben und weicht der zweiten, verschwindet ihr Inhalt von der Bildfläche. Folien lassen sich nicht ganz so gut in Form einer Plakatgalerie im Arbeitsraum aufhängen wie die großen Flipchartblätter. Zudem stören das helle Licht und das Geräusch des Projektors die Arbeitsatmosphäre.

Das Problem, dass Informationen verschwinden, stellt sich auch beim Einsatz von Tafeln – unabhängig davon, ob es sich um die alte, schwarze Schultafel oder die modernen weißen »Whiteboards« handelt. (Ausnahme: Copyboards, die die beschriebenen Flächen gleichzeitig kopieren). Aber auch damit lässt sich visualisieren, der Besprechungsleiter muss nur sicherstellen, dass der Inhalt einer vollgeschriebenen Tafel konserviert wird, zum Beispiel durch das Abfotografieren mit einer Digitalkamera.

Wie wird visualisiert? Die wichtigsten Grundregeln

Das einheitliche Layout: Damit die Teilnehmer jede bildliche Darstellung auf einen Blick verstehen, empfiehlt es sich, den Aufbau und die Funktionen von Farben, Formen und Symbolen in allen Visualisierungen einheitlich zu verwenden. Beispielsweise alle Überschriften schwarz mit roter Unterstreichung, Text in schwarz oder blau, Hervorhebungen in rot, Punkte, über die Einigkeit besteht, werden grün umrandet. Beachten: Gleiche Farben wie auch gleiche Formen suggerieren einen engen Zusammenhang. Wenn verschiedene Elemente oder Aussagen in einer Visualisierung in der gleichen Farbe abgebildet sind, fasst das Auge sie unbewusst zu einer Gruppe zusammen.

Die Überschrift: Jede Visualisierung braucht eine Überschrift, die knapp und schlagwortartig wiedergibt, was dargestellt werden soll. So können verschiedene Visualisierungen auf einen Blick unterschieden und der Inhalt der einzelnen Plakate, Folien oder Bilder auch noch am Ende einer längeren Sitzung oder in einer Folgeveranstaltung eindeutig identifiziert werden.

Wie sollte die Schrift in Visualisierungen gestaltet sein? Die Schriftgröße muss so gewählt werden, dass sie auch von der hintersten Bank aus ohne Mühe gelesen werden kann. Für Flipchart- und Pinnwand-Visualisierungen liegt die Mindestschriftgröße bei etwa 35 mm. Eine Faustregel für Folien besagt, dass die Schriftgröße mindestens fünf Millimeter betragen muss, um aus einer Entfernung von fünf Metern noch gut lesbar zu sein.

Diese Regeln führen natürlich dann zum besten Ergebnis, wenn Visualisierungen in Ruhe vor Beginn der Veranstaltung vorbereitet werden. In der Hektik des Arbeitsprozesses dagegen fällt so mancher Besprechungsleiter schnell wieder in seine normale, und leider mehr oder weniger unleserliche Handschrift zurück. Trotzdem zeigt die Erfahrung, dass das Bemühen um *groß-klein/eng-blockartig/nüchtern/sparsam in Ober- und Unterlängen* langfristig zu einer deutlichen Verbesserung der individuellen Plakatschrift selbst unter hektischen Bedingungen führt. Aber auch hier gilt: Übung macht den Visualisierungsprofi.

»Eine meiner letzten Besprechungen fand an einem Stehpult mit drei Kollegen aus verschiedenen Unternehmen in einem Konferenzhotel statt. Kaum Vorbereitungszeit, kein Flipchart, keine Pinnwand, dafür ein wichtiges Problem zu lösen. Da hat keiner an Visualisierungen gedacht!«

»Schade eigentlich. Stellen Sie sich einmal vor, Sie hätten ein DIN-A4-Blatt quer vor sich hingelegt und den Problemlöseprozess samt der Ergebnisse in Form von Notizen oder einem Mindmap wie in unserem Buch auf Seite 167 mitnotiert. Wie hätten die anderen wohl reagiert?«

»Die hätten sofort um eine Kopie meiner Skizze gebeten.«

»Die Sie allen dann am nächsten Tag zusammen mit Ihrer Visitenkarte, einer kleinen Gesprächsnotiz und einem Dankeschön für die spontane und effektive Zusammenarbeit zugeschickt hätten. Über Briefpost oder E-Mail, das spielt dann keine Rolle. Wer schreibt bleibt – meistens – lange im Gedächtnis der anderen. Denken Sie bitte darüber nach, wenn Sie Ihr nächstes Spontanmeeting abhalten.«

Einen Dummen finden: Wer schreibt denn heute das Protokoll?

Warum mag kein Mensch so richtig gerne Protokoll schreiben? Warum ist ein Protokoll trotzdem eine ganz sinnvolle Angelegenheit? Und: Viele, viele praktische Tipps rund um das Protokoll.

»Es ist ganz eigenartig bei uns in der Firma: Wenn es in Sitzungen darum geht, wer das Protokoll erstellen soll, dann kann man ein langes betretenes Schweigen erleben. Das erlösende Aufatmen tritt ein, sobald jemand sagt: ›Dann mach ich's halt wieder‹. Auf der anderen Seite gibt es ein großes Geschrei, wenn das Protokoll nicht rechtzeitig nach einer Besprechung bei der Geschäftsleitung ist, wenn irgendwo ein Kommafehler entdeckt wird oder wenn jemand sich mit seiner Meinung nicht richtig wiedergegeben sieht.«

»Ein bisschen kann ich das verstehen. Ich schreibe auch nicht gerne Protokoll. Zum einen wird diese Tätigkeit auf keine Weise honoriert. Sie hat den Ruf von Sekretariatsarbeit, die gemacht werden muss, weil es halt so üblich ist. Wenn aber irgendetwas im Protokoll nicht stimmt, gibt es Ärger. Und wenn alles okay ist, verschwindet das Ding für immer in den Ordnern. Lorbeeren sind keine zu gewinnen. Das steht im krassen Gegensatz zum Zeitaufwand. Es ist nämlich gar nicht so leicht, ein ordentliches Protokoll zu erstellen, besonders wenn es in der Sitzung zugeht wie bei ›Hempels unterm Sofa‹. Und wenn man es einmal hervorragend gemacht hat, heißt es auch noch: ›Sie haben ja Erfahrung, junger Mann, machen Sie doch auch heute wieder ...‹.«

»Was Sie beschreiben, dürfte für viele Mitarbeiterinnen und Mitarbeiter zutreffen. Obwohl die Gründe für ein Besprechungsprotokoll auf der Hand liegen: Mit einem Protokoll informieren Sie diejenigen, die nicht an der Sitzung teilgenommen haben, aber von den Ergebnissen betroffen sind. Es hilft als Erinnerungsstütze für die Teilnehmer, es dient der Vorbereitung der nächsten Sitzung und dem Anknüpfen an schon behandelte Themen und Zwischenergebnisse. Es hält genau fest, was in einer Sitzung erreicht wurde, welche Beschlüsse gefasst wurden, wer, was bis wann zu erledigen hat. Damit dient es natürlich auch als Kontroll- und Führungsinstrument. Und für viele Projekte ist es wichtig, dass die Gründe für eine Entscheidung auch für externe Beobachter nachvollziehbar sind, auch das kann ein Protokoll leisten. Sie sehen, alles Gründe, die für eine sorgfältige Protokollerstellung sprechen.«

»Welche Art von Protokoll bevorzugen Sie denn persönlich?«

»Das hängt davon ab, welche Funktion das Protokoll für die konkrete Sitzung haben soll. So gibt es:

- *das* **Wortprotokoll**, *in dem jede Wortmeldung für die Nachwelt festgehalten wird und mehr oder weniger nur stilistische Korrekturen erlaubt sind;*
- *das* **Verlaufsprotokoll**, *in dem der gesamte Verlauf einer Besprechung sinngemäß wiedergegeben wird;*
- *das* **Ergebnisprotokoll**, *das nur die Ergebnisse, Beschlüsse und Entscheidungen enthält.*

In meinen Sitzungen bevorzuge ich entweder ein sehr kurzes oder ein etwas **ausführlicheres Ergebnisprotokoll**. *In diesem finden sich zusätzlich zur Darstellung der Ergebnisse auch Hinweise, wie die Entscheidung zustande kam beziehungsweise welche wichtigen Meinungen diskutiert wurden.«*

Wer erstellt das Protokoll? Eine Auswahl von Enscheidungshilfen:

- Der Protokollführer sollte über gute Deutschkenntnisse verfügen, sicher in Grammatik, Rechtschreibung und Zeichensetzung sein. ☐
- Der Protokollführer sollte möglichst inhaltlich neutral sein, er muss sich um Objektivität bemühen. ☐
- Der Protokollführer sollte auch eine hektische Diskussion mit umfangreichen Wortbeiträgen knapp und präzise beschreiben können. ☐
- Der Protokollführer sollte die Hintergründe, die Thematik, die Ziele und den Ablauf der Sitzung kennen. ☐
- Der Protokollführer sollte möglichst gut beurteilen können, was wesentlich und was unwesentlich ist. ☐
- Der Protokollführer sollte sich trauen, bei wichtigen Punkten während der Besprechung nach der genauen Formulierung zu fragen. ☐
- Wenn möglich, sollte die Protokollerstellung freiwillig erfolgen. ☐
- Wenn möglich, sollte ich als Besprechungsleiter die Bereitschaft zur Protokollerstellung vor der Sitzung mit dem entsprechenden Mitarbeiter abgesprochen haben. ☐
- Wenn nicht zwingende Gründe dafür sprechen, sollte die Protokollführung nicht an eine Person gebunden sein – sie kann auch von Sitzung zu Sitzung wechseln, beispielsweise der Reihe nach. ☐
- Wichtig: Protokollführung und Sitzungsleitung sollten nicht in einer Hand liegen. ☐

Wann wird das Protokoll erstellt?

Sie können entscheiden, ob Sie schon während der Besprechung gemeinsam mit dem Protokollführer und den Teilnehmern

- Formulierungen für Ergebnisse und Beschlüsse festlegen und
- den Maßnahmenplan für Tätigkeiten nach der Sitzung (Wer macht was bis wann) erstellen.

Sie können das Protokoll jedoch auch direkt im Anschluss an die Sitzung erstellen lassen und möglichst zwei bis sieben Tage nach der Besprechung verschicken.

Wer erhält das Protokoll?

- **Die Protokolle der Sitzung werden an einem zentralen und allen bekannten Ort aufbewahrt,** an dem alle (befugten!) Personen Einsicht nehmen können. Damit sparen wir den Versand von Protokollen an die Papierkörbe von Vorgesetzten und Mitarbeitern, die nur aus Imagegründen oder aus Gewohnheit auf dem Verteiler stehen. Möglich: Hinweis per E-Mail darüber, dass Protokoll zu einer wichtigen Sitzung erstellt und an gewohnter Stelle abgelegt ist. ☐
- Das Protokoll erhalten **alle, die an der Sitzung teilgenommen** haben. ☐
- Das Protokoll erhalten diejenigen, die von den **getroffenen Entscheidungen unmittelbar betroffen** sind und über deren Zustandekommen informiert werden sollten. ☐
- Das Protokoll erhalten **ausgewählte Vorgesetzte**, die ich unbedingt über den Ablauf und die Ergebnisse der Besprechung informieren möchte. Damit sie das Protokoll auch wirklich lesen, werde ich ein Begleitschreiben anheften, telefonieren, eine E-Mail schicken oder das Protokoll persönlich vorbeibringen. ☐

Welche Inhalte kommen ins Protokoll?

	Ist gewährleistet	Möchte ich weiterverfolgen
Kopf mit Rahmendaten		
• Informationen über Ort und Dauer der Besprechung	☐	☐
• Teilnehmer an der Besprechung (eventuell: eingeladene, jedoch nicht anwesende; entschuldigte oder nichtentschuldigte Personen aufführen)	☐	☐
• Besprechungsleiter / Protokollführer	☐	☐
• Geladene Gäste aufführen	☐	☐
• Verteiler: Wer bekommt das Protokoll?	☐	☐
Für jeden Tagesordnungspunkt		
• Thema des Tagesordnungspunktes	☐	☐
• Ziel des TOP	☐	☐
• Kurze Beschreibung des Diskussionsverlaufes	☐	☐
• Darstellung von Minderheitenvoten beziehungsweise von der Gruppenmeinung abweichende Ansichten	☐	☐
• Darstellung der erzielten Ergebnisse für den TOP	☐	☐
• Getroffene Maßnahmen: Wer macht was bis wann?	☐	☐
• Darstellung noch offener Punkte	☐	☐
• Überlegungen, wie mit dem Thema weiter verfahren wird, wenn noch Punkte offen sind	☐	☐
An das Ende des Protokolls		
• Zusätzliche Anmerkungen des Besprechungsleiters zur Sitzung (Organisation, Raum, Technik etc.)	☐	☐
• Weitere Termine, wenn geplant	☐	☐
• Unterschrift Besprechungsleitung / Protokollführung	☐	☐
• Auflistung von Anhängen (Folien, Vortragstexte, Statistiken etc.)	☐	☐

»Alles schön und gut. Und was ist mit der fehlenden Anerkennung, die Protokollführer aller Länder so geschlossen vereinigt?«

Nachtrag

Als Besprechungsleiter werde ich dafür sorgen, dass die Tätigkeit des Protokollschreibens mehr Anerkennung bekommt als dies bisher der Fall ist!

☐ Ist gewährleistet ☐ Möchte ich weiterverfolgen

Konkret werde ich beim nächsten Mal:

Auch wenn's schwer fällt: die Nachbereitung Ihrer Besprechung

Wenn alles gelaufen ist, hätte sich der Besprechungsleiter eigentlich eine Pause verdient. Verdient vielleicht, aber vorher sollte er nachdenken: Über die Umsetzung der getroffenen Beschlüsse, die »Nachsorge« für aufgefallene Teilnehmer und über eigene zukünftige Lernvorhaben.

»Ich habe es befürchtet. Als ob die Vorbereitung nicht schon zeitintensiv genug gewesen wäre – was ich im Nachhinein ja durchaus einsehe. Aber glauben Sie denn im Ernst, dass ich nach einer anstrengenden Sitzung noch Zeit für eine ausführliche Nachbereitung habe?«

»Natürlich nicht. Zeit haben Sie keine. Diese sollten sie sich jedoch nehmen. Zum einen dann, wenn Sie wirklich an der Umsetzung der getroffenen Entscheidungen interessiert sind, zum anderen wenn sie mit den Teilnehmern Ihrer Besprechung auch in Zukunft zusammenarbeiten möchten, und zum dritten, wenn Sie sich selbst verbessern, also hinzulernen wollen.«

»Sie haben mich mal wieder restlos überzeugt. Was schlagen Sie also vor?«

»Auch wenn Sie am Ende der Besprechung zusammen mit den Teilnehmern eine Rückmelde-Runde durchgeführt und viele Anregungen für die weitere Arbeit mitgenommen haben, empfehlen wir Ihnen dennoch, einmal ganz alleine für sich über die Sitzung nachzudenken. Folgende Fragen können Ihnen dabei helfen.«

Die Umsetzung der getroffenen Entscheidungen

	Kein Handlungs-bedarf	Als nächstes unternehme ich:
Welche Schritte muss ich unternehmen, damit die während der Sitzung getroffenen Entscheidungen wirklich umgesetzt werden?	☐	____________
Mit wem muss ich jetzt im Anschluss an die Sitzung noch sprechen?	☐	____________
Wem muss ich besonders »auf die Finger« schauen, damit die Umsetzung stattfindet?	☐	____________
Wer kann mir bei den weiteren Schritten helfen?	☐	____________

Weitere Maßnahmen nach der Besprechung

Tue Gutes und rede drüber:
Welche Personen, die bei der Sitzung nicht anwesend waren, möchte ich über die Besprechung / Ergebnisse der Besprechung / Besonderheiten während der Besprechung informieren?

Vier-Augen-Gespräche beim Kaffee:
Wer hat sich während der Besprechung möglicherweise geärgert, verletzt gefühlt, falsch behandelt gefühlt, etc.? Wie sinnvoll erscheint mir ein klärendes Gespräch?

Wer hat während der Besprechung gestört, sich unmöglich aufgeführt, andere niedergeredet etc.? Wie sinnvoll erscheint mir ein klärendes Gespräch, um ein solches Verhalten in Zukunft zu vermeiden?

Die Folgebesprechung:
Für den Fall, dass es nach dieser Sitzung eine weitere Besprechung gibt, was muss ich bei der Vorbereitung dieser Sitzung besonders beachten?

Lernen für zukünftige Besprechungsleitungen

Welche der *Ziele*, die wir uns vorgenommen haben, haben wir heute erreicht?

Welche der geplanten *Ziele* haben wir heute *nicht* erreicht und warum nicht?

Wie zufrieden bin ich mit der *Arbeitsstimmung* während der Besprechung? Was ist gut gelaufen? Was hat nicht so gut geklappt? Was kann ich als Leiter beim nächsten Mal vielleicht anders machen?

Wenn ich an *meine Besprechungsleitung* denke, was ist mir heute gut gelungen und sollte auch in zukünftigen Besprechungen Eingang finden?

Womit bin ich weniger zufrieden und möchte es deshalb beim nächsten Mal anders machen?

Besprechungen on Top: Moderation und Open Space

Gruppen moderieren – nur eine modische Umschreibung für das Leiten von Besprechungen?

Besprechungen leiten oder Besprechungen moderieren – für die meisten gibt es da keinen Unterschied. O-Ton: »Moderieren klingt moderner, dann sprechen wir halt von ›Moderation‹«. Wir tun dies jedoch nicht! Differenzierungen bereichern die Praxis und machen handlungsfähig in unterschiedlichen Situationen. So auch hier.

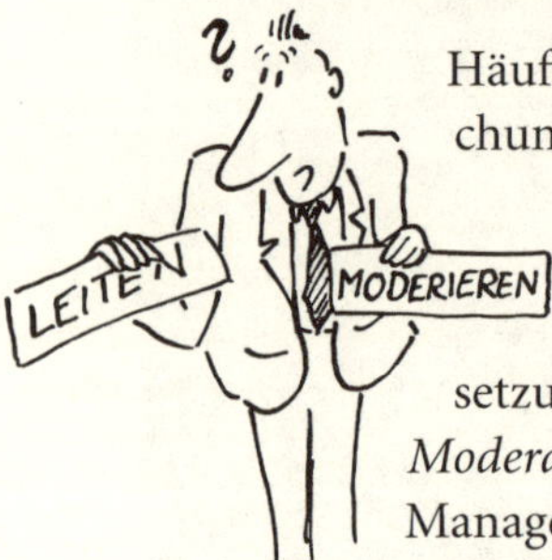

Häufig werden die Begriffe Moderator und Besprechungsleiter synonym benutzt. Sprach man früher vom Leiter einer Besprechung, ist es heute vielerorts der Moderator, der diese Aufgabe wahrnimmt. Vielleicht liegt dieser Gleichsetzung die Annahme zu Grunde, dass der Begriff *Moderator* moderner klingt. Mit ihm verbinden viele Manager das Bild von Kooperation und Teamarbeit. Anders als bei dem Wort *Leiter*, das viele an einen hierarchischen, womöglich sogar autoritären Stil erinnert, der heute nicht mehr zeitgemäß erscheint.

Wir sind der Meinung, dass mit dieser Gleichsetzung von Besprechungsleitung und Moderation die Chance verschenkt wird, für verschiedene Situationen und Anforderungen das am besten geeignete Verfahren zu verwenden. In den letzten 30 Jahren hat sich als Ergänzung zum klassischen Leiterverhalten in Besprechungen die Moderationsmethode zur Begleitung von Arbeitsgruppen entwickelt. In vielen Organisationen werden nicht nur Besprechungen in dem in diesem Buch beschriebenen Sinne durchgeführt, sondern zusätzlich Arbeitsgruppen ins Leben gerufen, die von einem professionellen Moderator beim Erreichen ihrer Ziele unterstützt werden.

Der wichtigste Unterschied zwischen dem Leiten einer Besprechung und dem Moderieren einer Arbeitssitzung besteht darin, dass der Moderator inhaltlich unparteiisch bleibt, sich inhaltlich vollständig aus dem Geschehen heraushält und die Gruppe, die für das Erreichen ihrer inhaltlichen Ziele selbst verantwortlich ist, bei ihrer Arbeit methodisch unterstützt. Das heißt jedoch, dass sich nicht jede Arbeitssitzung für eine Moderation eignet. In der Praxis als ungeeignet erwiesen haben sich Sitzungen, in denen unter großem Zeitdruck der Leiter, der zudem Vorgesetzter der Teilnehmer ist, diese über eine getroffene Entscheidung der Unternehmensleitung informiert und erste Stellungnahmen seiner Mitarbeiter hören möchte. Auf der anderen Seite bietet sich die Moderation beispielsweise in einer Situation an, in der eine Gruppe neue Ideen für die Produktverbesserung erarbeiten und später auch umsetzen soll und für die Sammlung und Konkretisierung erster Ideen einen Tag in Klausur gehen möchte. In der Praxis haben sich für die Beantwortung der Frage »Moderation oder Besprechung?« die Kriterien inhaltliche Mitgestaltungsmöglichkeit der Gruppe sowie für die Bearbeitung des Themas zur Verfügung stehende Zeit als hilfreich erwiesen:

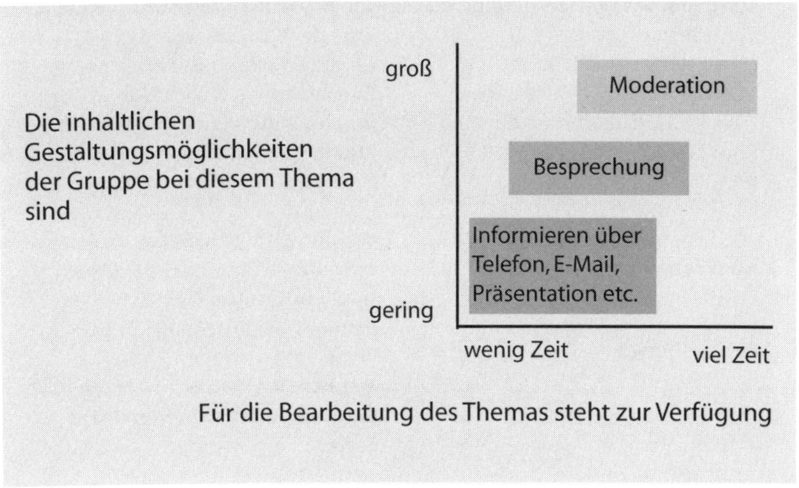

Die wichtigsten Unterschiede zwischen dem klassischen Leiten und dem idealtypischen Moderieren	
Arbeitsgruppen leiten	**Arbeitsgruppen moderieren**
Als Leiter einer Besprechung bin ich immer auch **inhaltlich beteiligt**, beispielsweise nehme ich Stellung, bewerte die Aussagen anderer und verstärke bestimmte Beiträge.	Als Moderator einer Arbeitssitzung bin ich **inhaltlich unparteiisch** und trage dazu bei, dass alle Aussagen gleichrangig Beachtung finden.
Als Leiter werde ich bei der Vorbereitung und Durchführung der Besprechung **weniger Konzentration auf die Auswahl bestimmter Methoden und Verfahrensweisen** verwenden. Mein Hauptaugenmerk liegt auf dem Inhalt.	Als Moderator liegt der Schwerpunkt meiner **Konzentration auf der Auswahl und Anwendung von Methoden und Verfahren**. Ein kleiner Teil der Konzentration liegt auf dem Inhalt, für den aber die Gruppe die ausschlaggebende Verantwortung trägt.
Als Leiter ist häufig die **Durchsetzung meines Willens** gefragt. Ich vertrete Vorgaben und Ziele des Unternehmens, objektive Rahmenbedingungen oder Sachzwänge, und ich lasse meine Prioritäten auch deutlich erkennen.	Als Moderator bin ich ausschließlich für den **Willensbildungsprozess der Gruppe** verantwortlich, unter Beachtung des Prinzips der Gleichwertigkeit aller Teilnehmer und Beiträge. Meine inhaltlichen Prioritäten gebe ich - selbst auf Nachfrage - nicht zu erkennen.
Als Leiter **gebe** ich gewöhnlich die **konkreten Arbeitsziele vor**.	Werden Ziele von außen vorgegeben, unterstütze ich die Gruppe dabei, über diese Ziele Einverständnis herzustellen. Gibt es keine vorgegebenen Ziele, **begleite** ich als Moderator **die Gruppe beim Erarbeiten ihrer Ziele**.

Die wichtigsten Unterschiede zwischen dem klassischen Leiten und dem idealtypischen Moderieren

Arbeitsgruppen leiten	Arbeitsgruppen moderieren
Als Leiter werde ich **Störungen**, beispielsweise Rivalitäten oder persönliche Angriffe **vermeiden, ignorieren** oder die Parteien **zur Sachlichkeit ermahnen**.	Als Moderator werde ich personenbezogen neutral der Gruppe meine Wahrnehmungen über Entwicklungen mitteilen, die die Gruppenarbeit stören, also diese Entwicklungen **spiegeln**. Ich frage die Gruppe, wie sie mit dem Geschilderten umgehen will. Ich kann **methodische Hilfen** für die Weiterarbeit anbieten.
Als Leiter überlege ich mir **Arbeitsregeln**, die das konfliktfreie Gelingen der Besprechung unterstützen.	Als Moderator **unterstütze** ich die Teilnehmer dabei, **Regeln** für den Umgang **miteinander zu formulieren**. Ich kann der Gruppe auch Vorschläge für solche Regeln machen.
Als Leiter **delegiere** ich in der Regel das **Protokollieren** der Sitzung, erledige die Aufgabe nebenbei oder mache mir Notizen, damit im Nachhinein ein Protokoll erstellt werden kann.	Als Moderator ist es für mich eine wichtige Aufgabe, Vereinbarungen, Arbeitsschritte und erzielte Ergebnisse **offen** (für alle sichtbar) und **simultan** (möglichst zeitgleich zum Arbeitsprozess) darzustellen, zu **visualisieren**.
Als Leiter bin ich meist auch der **hierarchisch Höhergestellte**. Meine Aussagen besitzen damit von vornherein ein besonderes Gewicht.	Als Moderator besitze ich besondere **methodische Verantwortung** für den Arbeitsprozess. Dafür habe ich eine besondere Kompetenz. Ansonsten spielt weder meine noch die Position der Teilnehmer in der Unternehmenshierarchie während der Arbeitssitzung eine Rolle.

Beobachtet man nun Arbeitssitzungen in der Praxis, so lässt sich die hier aufgeführte, um der Klarheit willen scharf gezeichnete Trennung zwischen Leitung und Moderation nicht immer aufrechterhalten. Manche Leiter verhalten sich inhaltlich neutral und manche fühlen sich stark für die Methoden und Arbeitsweisen verantwortlich, setzen gelegentlich sogar einige der klassischen Moderationstechniken wie das Karten-Antwort-Verfahren ein. Auf der anderen Seite gibt es Moderatoren, die gelegentlich doch inhaltliche Einschübe machen, um den Arbeitsprozess in eine bestimmte, inhaltliche Richtung voranzutreiben.

All das kommt täglich vor - und spricht weder gegen die Leistungen einer reinen Besprechungsleitung noch gegen die einer reinen Moderation. Mischformen können sogar sinnvoll sein. Sie können dem von allen gewünschten Erreichen der Ziele dienen oder der Intensivierung der Mitarbeit. Und nicht zuletzt durch die Erfolge der Moderation in den letzten Jahren hat auch die klassische Besprechungsleitung viele Impulse für eine Weiterentwicklung erhalten (Tipps zur weiteren Beschäftigung mit der Moderationsmethode finden sich im kommentierten Literaturverzeichnis).

»Wenn ich mir diese kurzen Ausführungen zur Moderation in aller Ruhe anschaue, dann wird mir eines immer klarer: Die Moderationsmethode ist keine bloße Technik für das Sammeln von Informationen, das Kleben von Kärtchen oder das Aufnotieren von Meinungen. Die Moderationsmethode ist eine ganz bestimmte Art, wie ein Gruppenbegleiter, der hier Moderator heißt, eine Arbeitsgruppe bei der Bearbeitung eines Themas unterstützt. Das könnte beispielsweise eine halbtägige Sitzung sein, in der meine Abteilung neue intelligente Marketingideen für unsere Datenbank entwickelt. Und der Moderator begleitet uns, ohne sich inhaltlich einzumischen. Dadurch unterscheidet er sich von mir, wenn ich morgen unsere Sitzung leite und inhaltlich mitmischen möchte, wo ich allerdings auch weniger Zeit für das Thema reserviere und etwas ande-

re Ziele verfolge als bei einem mehrstündigen Arbeitstreffen. Der Moderator versucht, die ganze Kompetenz, die in so einer Gruppe ja häufig verborgen liegt, zu aktivieren. Er leistet damit Hilfe zur Selbsthilfe. Er muss also eine Menge Vertrauen in die Leistungsfähigkeit einer Gruppe haben. Und wenn das klappt, entfalten sich die ganzen Stärken der Moderationsmethode: Die Kompetenz aller wird genutzt, es wird hierarchiefrei, zielgerichtet und weitgehend störungsfrei inhaltlich an der Sache gearbeitet. Qualität und Akzeptanz der Ergebnisse steigen.

Dabei beschäftigt mich jetzt ein grundsätzlicher Gedanke: Wenn ich beispielsweise unsere Datenbank-Geschichte irgendwann moderieren lasse, lege ich doch die Verantwortung für das inhaltliche Ergebnis dieser Sitzung in die Hände der Gruppe. Und die machen vielleicht etwas, was ich gar nicht will? Will ich das eigentlich?«

»Sie sprechen damit eine zentrale Voraussetzung für die Durchführung einer moderierten Arbeitssitzung an. Wenn die gesamte Kreativität und Kompetenz aller Gruppenmitglieder für die Bearbeitung eines Themas aktiviert werden soll, dann sollte die Situation einigermaßen offen sein. Das heißt, dass die Gruppe die Möglichkeit haben muss, Ergebnisse eigenverantwortlich zu produzieren. Ergebnisse, an die vielleicht bisher noch keiner gedacht hat. Oder Ergebnisse, über die bisher noch keiner zu sprechen wagte. Es macht keinen Sinn, eine Sitzung moderieren zu lassen, bei der das Ergebnis schon feststeht oder in der der Gestaltungsspielraum für die Gruppe sehr sehr gering ist.«

»Das bedeutet, wenn ich so einen Ideenfindungsworkshop mit meiner Abteilung moderieren lassen möchte, dann hole ich mir am besten einen externen Moderator, überlege mir mit ihm zusammen ein realistisches Ziel für diesen Workshop, nehme mir mit meinen Leuten ein paar Stunden Zeit und lasse mich auf einen kreativen Arbeitsprozess ein, an dessen Ende viele neue und spannende Marketingaktivitäten für unsere Datenbank herauskommen. Klingt nicht schlecht, ist aber recht neu und ungewohnt für mich. Vielleicht sollte ich mich damit mal zu einem anderen Zeitpunkt intensiver beschäftigten.«

»Gute Idee, Tipps dazu finden Sie im kommentierten Literaturverzeichnis.«

Kurz vorgestellt: Open Space – die Besprechung mit hundert Teilnehmern?

Eine Besprechung mit hundert und noch mehr Teilnehmern leiten? Dabei soll auch noch jeder zu Wort kommen? - Wir würden eine solche Veranstaltung zwar nicht unbedingt *Besprechung* nennen; auch der Begriff *Leiten* passt nicht ganz, aber dennoch: Es passiert schon einiges, wenn auf einer *Open-Space*-Veranstaltung bis zu mehrere Hundert Teilnehmer engagiert und manchmal voller Begeisterung an einem Thema arbeiten.

Seit Mitte der 90er-Jahre führen auch im deutschsprachigen Raum Unternehmen, soziale Einrichtungen sowie Organisationen aus unterschiedlichen Bereichen diese Großgruppeninterventionsmethode durch, die immer mehr an Popularität gewinnt und als entfernte Verwandte der Besprechung hier kurz vorgestellt werden soll.

Bei Open Space wird die Idee der »ungezwungenen und nicht organisierten Kaffeepause« zum Veranstaltungsprinzip erhoben. Zu Beginn einer meist zwei- bis dreitägigen Veranstaltung wird ein Leitthema vorgestellt. Das Leitthema sollte komplex sein, der Anlaß für die Veranstaltung in einem dringenden Handlungsbedarf bestehen, die eingeladenen Mitarbeiterinnen und Mitarbeiter sollten von der Thematik persönlich betroffen sein, und es sollte Offenheit in der Organisationsleitung für die zu erarbeitenden Ideen und Vorschläge bestehen. Beispielsweise wurden folgende Themen bisher schon in Open-Space-Veranstaltungen bearbeitet:

- Schwierigkeiten bei der Fusion zweier Unternehmen,
- der dramatische Verlust von Marktanteilen und die Frage, wie das Unternehmen überleben wird,

- Steigerung der Leistungsfähigkeit einer Organisation,
- die Verbesserung der Zusammenarbeit zwischen Kooperationspartnern,
- Entwicklung neuer Produkte und Dienstleistungen.

Open Space ist eine Methode, mit der in kurzer Zeit mit sehr vielen Personen Lösungsmöglichkeiten für eine zu verändernde Situation erarbeitet werden können.

Nach der Vorstellung des Leitthemas haben die Anwesenden die Möglichkeit, im Plenum Einzelthemen für Arbeitsgruppen vorzuschlagen. Wer vorschlägt, übernimmt für die Dauer des ein- bis zweistündigen Workshops die Verantwortung. Jeweils am Vormittag und am Nachmittag gibt es zwei Zeitfenster, in denen parallel verschiedene Workshops stattfinden. Morgens und abends trifft sich das gesamte Plenum zu etwa einstündigen Verständigungsrunden. Pro Workshop-Zeitfenster, beispielsweise 9 – 11 Uhr, finden so viele Arbeitssitzungen statt, wie sich Themenverantwortliche und Interessierte gefunden haben. Wurde auf diese Weise das Programm zu Beginn der Veranstaltung festgelegt, hat jeder der Anwesenden die Möglichkeit, an dem Workshop mitzuarbeiten, der ihn am meisten anspricht. Es gibt keine Anwesenheitspflicht, kein Zwang zum Bleiben und auch keine Verpflichtung, irgendeine besondere Leistung zu erbringen. Ein Workshop, zu dem sich kein Mitmacher findet, wird aufgelöst. Total überlaufene und arbeitsunfähige Workshops können sich teilen und mit kleinerer Besatzung und/oder veränderter Themenstellung weitermachen. Am Ende einer Sitzung gibt es ein Protokoll, das über die erreichten Ergebnisse berichtet. Verantwortlich für das Zustandekommen des Protokolls ist der Workshop-Verantwortliche. Diese Protokolle werden am Ende der gesamten Veranstaltung zusammengeführt und ausgewertet.

Während der Open-Space-Begleiter mit seinem Team für die Logistik, die Plenumstreffen sowie für den reibungslosen Ablauf der Veranstaltung verantwortlich ist, sind es ausschließlich die anwesenden Organisationsmitglieder, ungeachtet ihrer Stellung in der Organisation oder ihrer konkreten Tätigkeit, die inhaltlich arbeiten.

»Meinen Sie wirklich, dass das funktioniert? Ihre Beschreibung erinnert mich etwas an ein großes Happening aus meiner Jugend, bei dem alles erlaubt war, solange man nur lieb miteinander umging.«

»Diese kurze Beschreibung soll nur eine erste Vorstellung davon geben, wie Open-Space-*Veranstaltungen funktionieren. Aber Erfahrungen in Organisationen haben gezeigt, dass sie sich beispielsweise gut für den Anfang von komplexen Veränderungsprozessen anbieten. Sie helfen, Handlungsfelder zu lokalisieren und können eine möglichst große Zahl von Betroffenen gleich zu Beginn in den Prozess einbinden. Aber auch für* Open Space *gilt: Diese Methode ist keine Zauberformel für das Gelingen von Großgruppenversammlungen. Sie kann die klassische Konferenz mit ihren Einzelvorträgen ergänzen und unter bestimmten Umständen auch ersetzen. Denn alleine schon von der Gruppendynamik her geschieht etwas anderes als in klassischen Konferenzen. Das allein lohnt schon die Beschäftigung damit. Nur dafür möchten wir an dieser Stelle werben. Im kommentierten Literaturverzeichnis haben wir einige aktuelle Bücher zum Thema ausgewählt.«*

High-Tech-Meetings: Audio-, Video- und PC-Konferenzen

Hört denn noch jemand zu? Telefonkonferenzen

Mehrere Personen sind über Telefon miteinander verbunden. Auch wenn sich niemand direkt in die Augen sieht, kann so eine Telefonbesprechung erfolgreich funktionieren, wenn sie entsprechend vorbereitet und ihr Verlauf situationsangemessen geleitet wird. 17 Tipps, was Leiter und Teilnehmer beachten sollten.

Technisch lassen sich Telefonkonferenzen mit bis zu Hunderten von Teilnehmern durchführen. Es muss dann auch nicht das Telefon oder das Handy sein, ebenso können mehrere mit Mikrophonen bestückte Räume für eine Audiokonferenz dienen. Überschaubar und gerade noch zu leiten ist die Kommunikation per Telefon mit maximal zehn Teilnehmern. Optimal sind Audiokonferenzen mit drei bis fünf Beteiligten.

Telefonbesprechungen bieten sich immer dann an, wenn Teilnehmer aus verschiedenen Orten kurzfristig etwas miteinander absprechen, klären oder vereinbaren sollen, beispielsweise in Krisensituationen unter Zeitdruck. Eine Ringleitung ist schnell geschaltet, und die wichtigen Leute können sich fast ohne Zeitverlust abstimmen.

Unbestritten ist, dass Telefonbesprechungen sehr kostengünstig ausfallen. Der technische Aufwand ist geringer als bei Videokonferenzen und die eingesparten Reisekosten und -zeiten weit entfernt lebender Teilnehmer können sich sehen lassen.

Allerdings gehen die Meinungen über die Leistungsfähigkeit dieser Besprechungsform im Vergleich zum klassischen Treffen in einem Raum auseinander: Skeptische Stimmen führen beispielsweise ins Feld, dass

- eine ganzheitliche Kommunikation erheblich eingeschränkt sei, was zu weniger Smalltalk führe oder eine schnelle Verständigung über strittige Punkte erschwere. So ist in kontroversen Diskussionen häufig an körpersprachlichen Signalen zu erkennen, ob und wann sich eine Wende in der Haltung des Gegenübers abzeichnet. Die Gesichtszüge entspannen sich sichtbar oder im Gegenteil, jemand nimmt eine verkrampfte Haltung mit düsterer Miene ein, lange bevor er sein erstes Wort von sich gibt;
- sich Telefonbesprechungen mit mehreren Teilnehmern nur schwer leiten lassen, da die sichtbaren Wortmeldungen, Handzeichen, Nicken, eindeutiges Mienenspiel, wegfallen und häufig nur die Schnellen zu Wort kommen, während die anderen schweigen. Da nicht sichtbar ist, wie es den Schweigenden geht und was sie gerade treiben – vom Arbeiten am PC bis zum Aktenstudium nebenher –, kann der Leiter nur bedingt ein Gefühl für das Gesamtstimmungsbild in der Gruppe entwickeln;
- Telefonbesprechungen mit mehr als zehn Teilnehmern gänzlich unübersichtlich werden, eine Gruppengröße, die sich dagegen in einer *Face-to-face*-Besprechung noch gut bewältigen läßt.

Die Befürworter von Telefonbesprechungen stimmen den hier aufgeführten Schwierigkeiten zwar grundsätzlich zu, meinen jedoch, sie mit guter Vorbereitung und etwas Disziplin in den Griff bekommen zu können.

In der Praxis hat sich gezeigt, dass Telefonkonferenzen dann für alle Anwesenden zufriedenstellend verlaufen, wenn

- das zu behandelnde Thema nicht sehr komplex ist,
- das zu behandelnde Thema wenig kontroverse Diskussionen und Streit erwarten lässt,
- die Teilnehmer der Telefonkonferenz sich gut kennen,
- die Beziehungsebene zwischen den Teilnehmern unproblematisch ist,
- die Teilnehmer an der Telefonkonferenz direkt etwas zum Thema beisteuern können und dies auch wollen,
- das zu behandelnde Thema auch ohne Visualisierungen zu begreifen und zu diskutieren ist,
- die Zahl der Teilnehmer an einer Telefonkonferenz fünf Personen nicht überschreitet,
- die Dauer der Telefonkonferenz kurz ist, also 15 bis 30 Minuten umfasst.

Was ist bei der Planung und Durchführung einer Telefonbesprechung besonders zu beachten?

1 Die **Technik** muss funktionieren, jeder muss jeden optimal verstehen können, auch über Tausende von Kilometern entfernt. Professionelle Anbieter wie die großen Telefongesellschaften aber auch kleine, auf Telefonkonferenzen spezialisierte Unternehmen bieten einen Voll-Service, der auf die technische Infrastruktur der Auftraggeber abgestimmt wird. Kleinere Anbieter finden sich am einfachsten im Internet; Stichwort: *Telefonkonferenz, Audiokonferenz, elektronische Besprechungen, elektronische Meetings.*

☐ ✔

2 Einige Anbieter stellen erfahrene **Besprechungsleiter oder Moderatoren** zur Verfügung, die die Sitzung begleiten können. Eine

gute Gelegenheit für Führungskräfte, von Profis zu lernen, um dann selbst in Zukunft Telefonbesprechungen leiten zu können.

☐ ✔

3 Die **Planung der Sitzung** erfolgt wie gehabt: Das Ziel muss sorgfältig ausformuliert sein, eine Agenda mit konkreten Zeitvorstellungen sollte vorbereitet sein.

☐ ✔

4 Für den Fall, dass an einer Telefonbesprechung Vertreter aus den Büros in **Sydney, New York und Bonn** teilnehmen sollen: Während die einen schon arbeiten, sind die anderen noch nicht aufgestanden oder liegen wieder andere schon in den Federn. Vielleicht liegt die Lösung darin, zwei Besprechungen durchzuführen. Oder sich über eine gemeinsame Zeit vorab zu verständigen.

☐ ✔

5 Noch klarer als bei der herkömmlichen Besprechung sollte der **Besprechungsablauf je TOP** überlegt werden. Da einige Arbeitsverfahren, wie das Karten-Antwort-Verfahren am Telefon nicht möglich sind, stellt sich die Frage, wie bei einem bestimmten Punkt vorzugehen ist. Beispielsweise stellt der Leiter zu Beginn eines TOP Thema und Ziel vor. Dann lässt er Verständnisfragen zu und bittet im Anschluss daran jeden der Reihe nach um eine kleine Stellungnahme zur Ausgangsfrage. Dieser folgt eine Diskussion mit wechselnder Teilnahme. Zwischendurch fasst der Leiter immer wieder den Stand der Argumentation mit eigenen Worten zusammen. Gelegentlich bittet er die Anwesenden um ein kurzes Meinungsbild zu für ihn wichtigen Fragen oder Thesen. Die Runde kann abgeschlossen werden, indem der Leiter wieder um eine persönliche Stellungnahme aller Anwesenden zu dem erarbeiteten Ergebnis bittet.

☐ ✔

6 Wenn es wichtiges **Vorabmaterial** gibt, muss dies allen Teilnehmern vor der Sitzung in der aktuellen Fassung vorliegen. Nur zu leicht geschieht es, dass Mitarbeiter weit entfernter Niederlassungen vergessen werden.

☐ ✔

7 Das **schriftliche Material** für die Telefonbesprechung sollte so gestaltet sein, dass sich jeder allein durch mündliche Hinweise sofort zurechtfindet und gezielt bestimmte Sätze, Stichworte, Bilder oder Grafiken findet. Also viele Abschnitte, Zahlen und Bilder verwenden statt lange Texte und Aufzählungspunkte.

☐ ✔

8 Es erleichtert die Kommunikation in Telefonbesprechungen, wenn Personen, die sich bisher noch nicht kannten, **Bilder der jeweils anderen Teilnehmer** vor sich liegen haben. Eine solche Maßnahme empfehlen wir für sehr wichtige Besprechungen und für die ersten Besprechungen eines Teams, das häufiger zusammen am Telefon konferieren wird und auf absehbare Zeit leider keine Gelegenheit hat, an einem Ort zusammenzukommen.

☐ ✔

9 Zu Beginn einer Telefonbesprechung sollte der Leiter um eine **Vorstellungsrunde** bitten. Jeder Anwesende sollte seinen Namen nennen und je nach Bekanntheitsgrad etwas zur Person oder Tätigkeit sagen (auf kurze Äußerungen achten).

☐ ✔

10 Wenn die Besprechung über Festnetztelefone geführt wird, Hinweis an alle Teilnehmer: **Handys ausschalten!**

☐ ✔

11 Wenn der Leiter der Telefonbesprechung ein Interesse daran hat, dass wirklich sämtliche Teilnehmer die Diskussion aufmerksam

verfolgen, sich einzelne also nicht mit dem Hörer in der Hand ungesehen um andere Dinge kümmern, kann er kleine **»Aufmerksamkeitserreger«** einbringen. Er kann beispielsweise alle Anwesenden bitten, der Reihe nach ihre Meinung zu einer bestimmten Frage zu äußern, oder er kann schon in einer frühen Phase der Konferenz am Telefon gezielt die Schweigsamen ansprechen: »Wir haben jetzt ausführlich die Ansichten der Abteilung Forschung und Entwicklung gehört. Jetzt mal zur Qualitätsprüfung, Herr... wie stehen Sie zu der Idee von Frau ... aus dem Einkauf, dass wir ...?«

☐ ✔

12 Vor allem, wenn nicht alle Teilnehmer der Telefonbesprechung bekannt sind, sollte der Leiter – wie auch die anderen Anwesenden – eine **Liste mit Namen** vor sich liegen haben. Diese kann mit der Einladung und dem Vorabmaterial zugeschickt werden.

☐ ✔

13 Teilnehmer an Telefonbesprechungen sollten **langsam und deutlich sprechen.** Dies gilt besonders für den Anfang eines Redebeitrags. Wenn plötzlich eine neue Stimme in die Diskussion eingreift, brauchen die Zuhörer einige Augenblicke, um sich auf diese Stimme einzustellen. Ausländische Kolleginnen und Kollegen brauchen häufig noch einen Augenblick mehr. Schnelles Sprechen führt dazu, dass die ersten Worte nicht von allen gleich verstanden werden.

☐ ✔

14 In den Fällen, in denen mehr als fünf Teilnehmer an der Telefonbesprechung teilnehmen und sich die Anwesenden nicht gut oder gar nicht kennen, sollten die einzelnen **Beiträge** auch im Verlauf der Sitzung **mit einem Namenseinstieg beginnen**: »Mein Name ist Fabian Rieg, ich möchte dazu fragen, ...« oder »Barbara hier, als Projektverantwortliche in München schlage ich vor, dass

...« oder »Emmi hier, ich muss das ja wie üblich der Geschäftsführung verkaufen, wie stellt Ihr Euch denn vor, dass ...?« oder »Ich bin Sven Hartmann aus dem Büro in Bonn, was bedeutet denn die Feststellung, dass ...?«

☐ ✔

15 Wenn schon das **sorgfältige Zuhören** in einer normalen Besprechung zentral für die Kommunikation ist, dann ist das aufmerksame Zuhören während des Meinungsaustausches über das Telefon unerläßlich. Man braucht von jemandem, der einem persönlich gegenüber sitzt, nicht sämtliche Worte aufzunehmen, um doch den Sinn des Gesagten zu verstehen. Als Zusatzquelle unterstützen Körpersprache, Mimik, Atmosphäre im Raum, ja sogar die Reaktionen der anderen Anwesenden das Verstehen. Dies alles fehlt überwiegend am Telefon. Daher gilt: Ohren spitzen und hart am Ball bleiben. Auch dadurch wird eine Telefonbesprechung zu einer ziemlich anstrengenden Angelegenheit.

☐ ✔

16 Die Beteiligung an einer Telefonkonferenz wird erleichtert, indem man sich beim Zuhören **Notizen** auf einem Blatt macht. Hilfreich können Methoden wie das *Mindmapping* sein, mit dem man versucht, die Struktur des gesamten Gespräches mit knappen Stichworten und ordnenden Strichen, Pfeilen und Symbolen zu erfassen. So kann man auch im späteren Verlauf der Diskussion noch den Überblick behalten und sich mit Bezug auf die bisher vorgebrachten Argumente aktiv beteiligen.

☐ ✔

17 Zum Schluss noch ein **»lebensrettender« Tipp**: Bei manchen Konferenzanlagen lässt sich das Mikrophon ausschalten. Dann werden die eigenen Wortbeiträge nicht mehr übertragen. Dies führt immer wieder dazu, dass Besprechungsteilnehmer im guten Glauben, nicht gehört zu werden, Kommentare abgeben, die sie in der großen Runde nicht gesagt hätten. Hier ein paar eher harmlose Beispiele: »Unverschämt, dieses Angebot.« »Viel zu teuer, die spinnen wohl!« »Typisch Chef, nicht vorbereitet, aber alles besser wissen wollen.« Alles schön und gut, nur: Die Technik funktioniert nicht immer und so mancher Teilnehmer drückt den falschen Knopf und wundert sich mit hochrotem Kopf, dass seine Bemerkung von allen deutlich gehört wurde. Ein kleiner Trost: der rote Kopf wird in einer Telefonkonferenz nicht wahrgenommen. Trotzdem: Zwingen Sie sich zur absoluten Gesprächsdisziplin, keine Nebenbemerkungen, keine Witze, unbedachten Kommentare, also nichts, was nicht von allen gehört werden kann und soll.

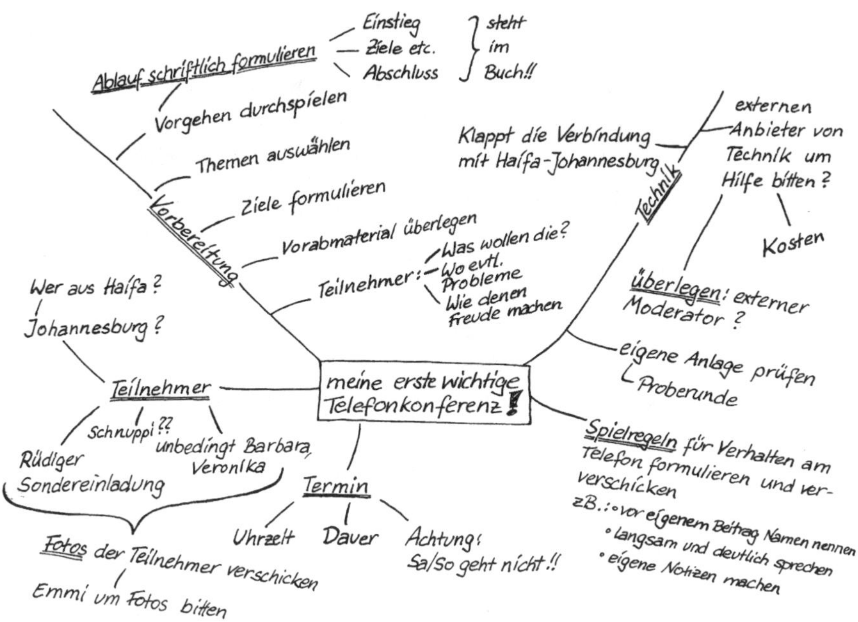

Bitte alle mal lächeln! Videokonferenzen

Was kann man sich unter dem Begriff »Videokonferenz« vorstellen? Und was ist bei der Planung und Durchführung einer solchen Besprechung besonders zu beachten? Wertvolle Tipps nicht nur für Leiter.

Zum Verständnis: Bei einer Videokonferenz oder Videobesprechung werden über Technik Sprache und bewegte Bilder zwischen räumlich getrennten Gesprächspartnern übermittelt.

- **Variante 1:** In zwei weit voneinander entfernten Besprechungsräumen sitzen die Teilnehmer vor mehr oder weniger großen Bildschirmen, beispielsweise vor großen Flachbildschirmen, die an der Wand befestigt sind. Im Raum verteilt sind Kameras, je nach Stand der Technik mehr oder weniger auffällig. Auf den Bildschirmen sieht man das jeweils andere Sitzungszimmer mit allen Teilnehmern und/oder die jeweils Redenden. Der Stand der Technik bestimmt die Qualität des Tons und der Bilder. Was hier für zwei Räume beschrieben ist, lässt sich technisch auch mit bis zu hundert Räumen realisieren.
- **Variante 2:** Jeder Besprechungsteilnehmer sitzt allein in seinem Zimmer an seinem PC an dem eine Kamera angebracht ist. Auf dem Bildschirm sieht er sein Gegenüber, viele Kilometer entfernt. Kommt jemand zu diesem Zweiergespräch hinzu, wird der Bildschirm geteilt, gedrittelt oder geviertelt. Rechts oben bleibt eine kleine Fläche frei für die Tabellen, über die gerade diskutiert wird oder für die Seite aus dem Internet, die einer der Gesprächspartner allen anderen zeigen will: »Schaut her, so macht es die Konkurrenz...«

Variante 3: Wie Variante 2 mit dem Unterschied, dass die Besprechungsteilnehmer ihr Handy oder ein ähnlich aussehendes brieftaschengroßes Kommunikationswunder vor den Augen haben. Diese Geräte fungieren als Mikrofon, Lautsprecher, Kamera, Monitor, Internetzugang und Kleinstcomputer. Noch etwas: Die liebe Kollegin in Haifa sitzt am Swimmingpool, die in Johannesburg in einem Straßencafé und die armen Kollegen aus Bonn, München und Zürich hocken in ihren Büros, weil es draußen fürchterlich regnet. Auch diese Variante ist weiter ausbaubar.

Während Variante 1 versucht, die normale *Face-to-face*-Besprechung mit mehreren Teilnehmern in einem Raum soweit wie möglich zu simulieren, stellen die beiden anderen Varianten eine eigenständige Kommunikationsform dar, vergleichbar mit einer Telefon- beziehungsweise Audiokonferenz zwischen einzelnen getrennt agierenden Personen – nur dass jetzt noch Bildübertragung hinzukommt und je nach technischer Ausstattung Zugriffsmöglichkeiten zu sämtlichen beispielsweise über Internet verfügbaren Zusatzinformationen bestehen.

Allen Varianten ist gemeinsam: Die Teilnehmer sitzen in unterschiedlichen Räumlichkeiten und sind über Bild und Ton miteinander verbunden. Entfernt lebende Personen können kurzfristig miteinander ins Gespräch kommen, sie können sich hören und zudem noch sehen.

Was ist nun bei der Planung und Durchführung einer Videokonferenz besonders zu beachten?

1 Welche Technik auch immer mit im Spiel ist, der Besprechungsleiter sollte sie perfekt beherrschen und mit ihren verschiedenen Möglichkeiten vertraut sein. Gleichzeitig sollte der Leiter den Anwesenden, die noch nicht an derartigen Sitzungen teilgenom-

men haben, helfen, sicher mit der Technik umzugehen. Und wem das alles zu umständlich und aufwendig ist: Die großen Anbieter von Videokonferenzsystemen bieten eine Rundumbetreuung an.

☐ ✔

Hier einige Beispiele:

- Sie helfen bei der Ausstattung von Räumen, beim Kauf oder Mieten von Technik.
- Sie stellen Studios für einzelne Besprechungen rund um den Globus zur Verfügung.
- Sie schalten Video-Brücken zwischen mehreren Studios in verschiedenen Ländern.
- Sie stellen Multimediakonferenz-Betreuer, die die technische Steuerung einer komplexen Veranstaltung übernehmen.
- Sie kümmern sich um die Dokumentation der Besprechung, beispielsweise die Aufbereitung von Teilen der Veranstaltung für die Unternehmens-*Homepage*.
- Sie helfen bei der Vernetzung von Audio- beziehungsweise Videokonferenztechnik mit der kompletten IT-Landschaft des Unternehmens.
- Sie bieten Schulungen für Videokonferenzfachkräfte an, die ihr Wissen im Unternehmen anwenden und weitergeben können.

2 Sollte der Leiter Einfluß auf die **Gestaltung des Raumes** oder der Räume haben, in denen Videobesprechungen stattfinden werden, empfiehlt sich ein ruhiger und von den Farben her unauffälliger Raum, bei dem keine Bilder oder grelle Farbtupfer von der Konzentration auf die Redner ablenken. Wenn möglich sollten alle in einer Videokonferenz genutzten Räume ein ähnliches Aussehen haben.

☐ ✔

3 Was die **Kamera-Ausstattung** angeht, sollte sich der Leiter für (mindestens) zwei Kameras entscheiden, eine für den Gesamtüberblick über den Raum, die andere für ein Großbild der jewei-

ligen Redner, so dass deren Mimik gut zu erkennen ist. Steht nur eine Kamera zur Verfügung, empfehlen wir als Bildausschnitt den Gesamtüberblick über die Besprechungsrunde im Raum. So ist der Leiter – sind aber auch die anderen Teilnehmer – in der Lage, zumindest in Teilen das Gesamtgeschehen in der Gruppe zu verfolgen.

□ ✔

4 Die **Vorbereitung der Videobesprechung** – völlig unabhängig von der technischen Ausstattung – erfolgt in der gleichen Weise, wie bei einer *face-to-face*-Besprechung: Ziele müssen formuliert, Abläufe geplant, Arbeitsschritte festgelegt werden. In der Einladung sollten die Teilnehmer aufgeführt und ein Zeitplan für die einzelnen TOP angegeben werden.

□ ✔

5 Einige Anbieter von Videokonferenztechniken stellen erfahrene **Besprechungsleiter und Moderatoren** zur Verfügung, die die Sitzung begleiten können. Dazu kann auch ein Dolmetscherdienst gehören. Eine gute Gelegenheit für Besprechungsleiter, mit der Technik und den Besonderheiten derartiger Veranstaltungen Erfahrungen zu sammeln.

□ ✔

6 Wie auch bei der Telefonkonferenz sollte in der Videobesprechung genau überlegt werden, wie sich die einzelnen TOP abarbeiten lassen. Auch in einer Besprechung mit Videokontakt können bestimmte **Arbeitsverfahren** nur beschränkt eingesetzt werden. Andererseits lassen sich in Verbindung mit dem PC wiederum altbekannte und bewährte Verfahren auf neuartige Weise durchführen, wie beispielsweise die Ideensammlung / das Brainstorming. Statt auf Karten wird jetzt direkt in den Computer geschrieben.

□ ✔

7 Wenn es wichtiges **Vorabmaterial** gibt, muss dies allen Teilnehmern vor der Sitzung in der aktuellen Fassung vorliegen. Nur zu leicht geschieht es, dass die Anwesenden in der Zentrale eines Unternehmens die Papiere rechtzeitig in der allerneuesten Fassung erhalten haben, die Teilnehmer in der Niederlassung jedoch noch die Fassung des vorletzten Tages vor sich auf dem Tisch haben und erst wenige Minuten vor Beginn der Sitzung die Papiere über das Internet zugeschickt bekommen, zu spät um sich noch eigene vorbereitende Gedanken zu machen.

☐ ✔

8 Auch in einer Videobesprechung ist es hilfreich, das **schriftliche Material** so zu gestalten, dass sich jeder allein durch mündliche Hinweise sofort zurechtfindet und gezielt bestimmte Sätze, Stichworte oder Grafiken findet.

☐ ✔

9 Eine übertragungstechnisch bedingte Einschränkung bei Videokonferenzen ist der **fehlende Raumklang**. Man kann also als Zuschauer vor dem Monitor nicht gleich ausmachen, von wem im Raum der mündliche Beitrag gerade kommt. Sämtliche Stimmen und Geräusche werden über ein Lautsprechersystem übertragen. Auch eine Stereowiedergabe schafft nur wenig Abhilfe. Daher ist es oftmals sinnvoll, wenn der Leiter zu Beginn der Sitzung eine Vorstellungsrunde anregt, in der sich der Reihe nach alle vorstellen und ein erstes Gefühl entwickeln, welche Stimme zu welchem Gesicht, Kopf, Kleid, Anzug etc. gehört (gilt natürlich für Teilnehmer, die sich nicht kennen).

☐ ✔

10 Auch während der Besprechung sollten der Leiter und Teilnehmer die Anwesenden verstärkt **mit Namen ansprechen**, so dass auch über die Monitore schnell ersichtlich wird, wer gerade mit wem im Gespräch ist.

☐ ✔

11 Konferieren mehr als zwei oder drei Standorte über Videoleitung miteinander, kann ein **Hintergrundplakat** die schnelle Orientierung erleichtern, auf dem mit Schrift oder Symbol der jeweilige Ort dargestellt ist.

□ ✔

12 Findet eine Videokonferenz in zwei Räumen statt, findet häufig eine eigenartig **einseitige Kommunikation** statt. Es fällt auf, dass sich die Anwesenden eines Raumes überwiegend auf die Gesprächsteilnehmer konzentrieren, die sie über die Monitore wahrnehmen. Die Kommunikation zielt etwas häufiger an die Besprechungsteilnehmer im anderen Raum als an die Teilnehmer, die rechts und links im gleichen Zimmer sitzen und selbst überwiegend mit dem Blick auf den Monitor beschäftigt sind. Der Leiter sollte also immer wieder versuchen, die Diskussion zwischen allen Beteiligten anzuregen, auch zwischen denen, die sich im selben Raum befinden. Das kann durch zielgerichtete Fragen erfolgen oder durch das Abfragen eines Meinungsbildes, bei dem sich der Reihe nach alle Teilnehmer äußern.

□ ✔

13 Wie in jeder anderen Besprechung ist es die Aufgabe des Leiters, während der Debatte auf den **roten Faden** zu achten und »gesprächsorganisatorische« Hinweise zu geben. Er fasst Gesagtes zusammen und treibt die Diskussion in Richtung Ziel voran. Es scheint so, als ob diese Aufgabe in Videokonferenzen noch stärker gefordert ist als in Face-to-face-Besprechungen. Erfahrungen aus Videokonferenzen zeigen, dass die Teilnehmer sehr stark mit dem Verstehen der unterschiedlichen Äußerungen beschäftigt sind, vor allem, wenn die technische Übertragungsqualität zu wünschen übrig lässt. Die Teilnehmer achten überwiegend auf die Inhalte und den Ton der Äußerungen, weniger darauf, wie zielführend das Gesagte ist. Gefördert wird diese Ausrichtung der einzelnen auch durch das Phänomen, dass in Videokonferenzen mehr und schneller hintereinander geredet wird als in anderen Besprechungen. Vielleicht liegt das daran, dass in derartigen Veranstaltungen eine Vielfalt an Signalen nicht gesendet werden können, die in Besprechungen in einem einzigen Raum für Denk- und Sprechpausen sorgen. Wie auch immer, unsere Empfehlung für Leiter besteht darin, das Ohr für den Ablauf der Diskussion besonders offen zu halten und rechtzeitig zu intervenieren.

☐ ✔

14 Ähnlich wie in Telefonbesprechungen brauchen die Zuhörer einen kurzen **Orientierungs-Augenblick**, um eindeutig ausmachen zu können, wer Absender einer gerade empfangenen Nachricht ist. Der Lautsprecher teilt nicht mit, aus welcher Ecke das Gesagte kommt, und das Bild auf dem Monitor ist zu klein, um alle die Signale zu vermitteln, die in einem gemeinsamen Raum erkennen lassen, wer gleich mit seiner Rede beginnt. Daher gilt auch hier für die Teilnehmer: klare Sprache, langsam und deutlich.

☐ ✔

15 **Seitengespräche** stören in Videokonferenzen besonders, weil sie zeitgleich mit den offiziellen Äußerungen über denselben Audiokanal des Monitors übermittelt werden. Das gibt Konkurrenz und behindert das gezielte Zuhören. Daher sollte der Leiter eindringlich dafür werben, dass auf Seitengespräche verzichtet wird, vor allem dann, wenn es technisch nicht möglich ist, die gerade nicht aktiven Mikrophone auf »aus« zu stellen. Und für den Fall, dass Mikrophone ausgestellt werden können: Wie auch in Telefonkonferenzen empfehlen wir absolute Gesprächsdisziplin auch im »Off«. Keine flapsigen Kommentare, unbedachten Gefühlsausbrüche. Sie können nie sicher sein, ob Sie nicht doch auf Sendung sind.

☐ ✔

16 Wie auch für eine Telefonkonferenz gilt: beachten Sie unterschiedliche **Zeitzonen**, wenn Ihre Teilnehmer richtig weit von einander entfernt leben.

□ ✔

17 Tipps zum **Verhalten vor der Kamera** für Leiter und Teilnehmer: Viele Menschen nehmen untypische Gesichtsausdrücke an, wenn sie in eine Kamera schauen. Daher gilt: Blick auf den Monitor – oder natürlich in das Gesicht des Redners im eigenen Raum – und möglichst die Kamera nicht beachten. Leitern und Teilnehmern sei weiterhin empfohlen: Vermeiden Sie hektische Bewegungen, unterlassen Sie das regelmäßige Nasenkratzen oder Haare-aus-dem-Gesicht-Streichen. Bleiben Sie in gleichmäßigem Abstand zur Kamera. Wenn Sie sich häufig nach vorn sehr nahe in Richtung Kamera bewegen wird diese Bewegung übertrieben abgebildet, sie wirkt bedrohlich. Legen Sie Ihren Stift weg, wenn Sie nicht schreiben. Nervöses Spielen damit sorgt für unangemessene Aufmerksamkeit. Wackeln Sie daher auch nicht mit dem Stuhl. In den Phasen, in denen Sie nichts zur Diskussion beitragen, empfehlen wir eine konzentrierte aufrechte Haltung mit Blick zu den Redenden im eigenen Raum oder zum Monitor: erkennbares »Abschalten« oder Zurücklehnen wirkt weit unbeteiligter, als dies der Fall wäre, wenn alle mit Ihnen im gleichen Raum wären.

□ ✔

18 Und was **das Äußere** angeht: unauffällige Farben, kontrastarme Muster. Verzichten Sie auf schwarze und weiße Kleidung. Benutzen Sie ein dezentes Makeup und tragen möglichst »geräuscharmen« Schmuck. Tauschen Sie Ihre Sonnenbrille gegen eine mit nicht so stark getönten Gläsern. Ansonsten kleiden Sie sich so, wie es in Ihrer Organisation in Besprechungen üblich ist und Sie sich wohlfühlen.

☐ ✔

19 Und zu guter Letzt: Eine **Video-Brücke zwischen mehreren Standorten kann zusammenbrechen**. Der kluge Videobesprechungsleiter hat daher sämtliche Telefonnummern der beteiligten Standorte und Teilnehmer in der Einladung verteilt und kann zur Not die Sitzung per Telefon zu einem angemessenen Ende führen.

☐ ✔

Nachbemerkung

»Wie sehen Sie das, werden Audio- und Videobesprechungen die klassische Face-to-face-*Besprechung ersetzen?«*

»Nun, die Technikanbieter behaupten zwar in ihren Prospekten und Web-Sites, *dass Videokonferenzen ›echte* Face-to-face-*Kommunikationen‹ seien. Aber auch Menschen, die so etwas schreiben, kommunizieren mit ihren Liebsten trotzdem lieber Auge in Auge als über Mikrophon, Bildschirm und Lautsprecher. Da scheint es noch etwas zu geben, was ein Gespräch mit wirklichem Blickkontakt, dem Gefühl von Nähe, dem Spüren von Wärme und dem Geruch eines dezenten Parfums unvergleichlich macht. Audio- und Videobesprechungen haben den großen Vorteil, dass sie die kurzfristige Kommunikation zwischen entfernt arbeitenden*

Menschen ermöglichen. Dadurch ist das effektive Zusammenwirken globaler Teams möglich, die schnelle Abstimmung in Krisensituationen und vieles mehr. Es lassen sich Reisekosten einsparen, Reisestreß und im Stau zugebrachte Zeit können vermieden werden. Und dennoch geschieht in einer Besprechung zwischen Menschen in einem einzigen Raum mehr, als jede Videokonferenz mit Parfumbeimischung leisten kann. Vielleicht ist es das Gefühl, mit Menschen in direktem persönlichen Kontakt zu verhandeln, wobei neben der Klärung von Sachfragen so etwas wie gegenseitige Verpflichtung oder Konsens über die sozialen Geschehnisse, Vertrauen, Zuverlässigkeit hergestellt wird. Auf diese Punkte haben wir gelegentlich in diesem Buch hingewiesen. Sie sollten in Ihren Besprechungen darauf achten, wie sich die Prozesse auf der Beziehungsebene auf das Arbeitsleben und die Zielerreichung in Ihrer Abteilung auswirken. Und wenn es Ihnen sinnvoll erscheint, können Sie mit allen Ihren Mitarbeiterinnen und Mitarbeitern außerdem auch Telefon- oder Videobesprechungen durchführen. Aber denken Sie daran: Auch eine noch so perfekte und professionelle Videokonferenztechnik verhindert nicht, dass die Besprechung dieselben Mängel aufweisen kann, wie die gute alte Plauderstunde in einem ungelüfteten, dunklen Konferenzzimmer: Teilnehmer kommen zu spät, sind nicht vorbereitet, es kommen mal wieder die falschen Leute und reden andere in Grund und Boden, keiner hört dem anderen richtig zu, es gibt keine Ziele, keine Agenda, keine Konfliktlösungsmöglichkeiten etc. Mit anderen Worten: Auch eine Audio- und Videobesprechung ist eine Besprechung und will so gut wie möglich vorbereitet und durchgeführt werden.«

Electronic Meeting, Computer Conferencing: Was gibt's denn am Computer zu besprechen?

Mehrere Menschen an verschiedenen Orten tauschen sich über ein Thema aus, bearbeiten ein Problem, sammeln Ideen oder koordinieren Ergebnisse. Als Medium dient Ihnen der Computer, ein Intra- oder Internet. Wie kann so etwas aussehen und wo liegen die Vorteile und Schwierigkeiten derartiger Arbeitsprozesse. Eine kurze Einführung.

»Gelegentlich lese ich von »electronic meeting« *oder von* »computer conference«. *Bedeutet das, dass ich meine Abteilungsbesprechung demnächst am PC abhalten werde?«*

»Begriffen wie electronic meeting *liegt die Idee zugrunde, dass sich eine Gruppe von Menschen mit Hilfe des Computers über ein Thema austauscht. Streng genommen handelt es sich dabei nicht um eine Besprechung, denn besprochen wird ja nichts, sondern es werden beispielsweise Probleme bearbeitet, Dokumente ergänzt und korrigiert oder Ideen zu vorgegebenen Fragen gesammelt.«*

»Wie muss ich mir das vorstellen?«

»Die Szenarien können ganz unterschiedlich sein. Zum Beispiel können alle Teilnehmer in einem Raum sitzen, jeder vor einem PC. Die Geräte sind untereinander vernetzt. Der Austausch erfolgt über Computer, die Teilnehmer geben ihre Beiträge über die Tastatur ein. Das Ganze kann anonym erfolgen oder unter Nennung des Absenders. Bei dem Arbeitsprozess kann es sich beispielsweise um die Suche nach neuen Vertriebsformen handeln. Der Leiter oder Moderator der Gruppe stellt in einem ersten Schritt eine Reihe von Fragen zu den Problemen der aktuellen Vertriebstätigkeit. Die Teilnehmer geben ihre Antworten ein. Diese können dann sortiert und bewertet werden.

Für die als besonders dringlich empfundenen Probleme können in einem zweiten Schritt Lösungsvorschläge gesammelt werden. Auch diese werden sortiert und bewertet. Sämtliche Arbeitsschritte erfolgen am Bildschirm. Für die Verarbeitung der Daten stehen immer leistungsfähigere Softwareangebote bereit. Derartige Sitzungen müssen sehr genau geplant werden, die Arbeitsfragen für die einzelnen Schritte müssen sorgfältig überlegt sein, damit die Antworten der Teilnehmer nicht beliebig und damit unbrauchbar werden. Wie schon angedeutet, decken sich Planung und Strukturierung der Sitzung mit der Planung und Strukturierung einer moderierten Gruppenarbeitssitzung.«

»Und worin liegt jetzt der Vorteil, dass alle – ob nun in einem Raum oder wo auch immer – vor ihrem Computer sitzen und Antworten eintippen?«

»Die begeisterten Befürworter derartiger Arbeitssitzungen führen beispielsweise an, dass in elektronischen Meetings

- *klar strukturierte Abläufe herrschen, die zielführend sind;*
- *überwiegend auf der Sachebene gearbeitet wird, Schwierigkeiten auf der Beziehungsebene kaum ins Gewicht fallen;*
- *schneller Ergebnisse erreicht werden;*
- *durch die gesicherte Anonymität mehr Teilnehmer zum produktiven Arbeiten ermutigt werden;*
- *durch die parallele Eingabe von Antworten bei Ideensammlungen Zeit gespart wird;*
- *durch elektronische Abstimmungen schnell differenzierte Bewertungen einzelner Teilergebnisse vorgenommen werden können;*
- *alle eingegebenen Äußerungen immer zeitgleich vorliegen;*
- *mit weit über hundert Teilnehmern gearbeitet werden kann.«*

»Bei über hundert Teilnehmern kann man aber auch wirklich nicht mehr von einer Besprechung reden.«

»Darum geht es auch nicht. Derartige Arbeitsprozesse am PC eignen sich meiner Meinung nach nicht dazu, mit einzelnen Personen etwas auszudiskutieren, Rückfragen zu stellen, Stimmungen abzuklopfen, in Ruhe etwas zu entwickeln. Sie eignen sich eher dazu, zu gut vor-

bereiteten Fragen oder gut aufbereiteten Problemen Ideen zu sammeln, Meinungen einzuholen, also ein breites Spektrum an Wissen und Erfahrungen abzuschöpfen, mit dem dann weitergearbeitet werden kann. Dieser computer- und internetgestützte Arbeitsprozess entfaltet dann seine besondere Stärke, wenn viele Personen beteiligt sind und die Teilnehmer über zahlreiche Standorte verteilt sind. Außerdem ermöglicht die Technik die Gestaltung vielerlei interessanter Konstellationen:

- *Der ganze Prozess kann zeitlich ungebunden ablaufen. So spielen Zeitunterschiede zwischen den Kontinenten keine Rolle mehr.*
- *Auch lassen sich zu bestimmten Teilaspekten eines Problems unterschiedliche Gruppen in die Diskussion integrieren. Sogar Kunden können gebeten werden, bestimmte Fragen zu beantworten.*
- *In Verbindung mit dem Telefon oder einer Videokamera am Bildschirm lassen sich auch über viele Kilometer hinweg gemeinsam Dokumente bearbeiten und schließlich verabschieden.«*

»Was sagen denn die kritischen Stimmen zu dieser Art von Meeting?«

»Überzeugt hat mich die Bemerkung eines Kollegen, der meinte, dass es nicht ausreichen würde, einfach eine neue Technik, und sei sie noch so leistungsfähig, in eine Arbeitssitzung einzuführen und dann zu glauben, jetzt sei der Erfolg gesichert. Man müsse vielmehr verstehen, wie die Technik die Prozesse unterstützen kann und wie sie sie verändert. Ansonsten lassen sich in elektronischen Meetings ähnliche Schwierigkeiten beobachten, wie in anderen Sitzungen auch:

- *Der Arbeitsprozess wird ›auf die Schnelle‹ vorbereitet, die Zielformulierung erfolgt oberflächlich.*
- *Die Arbeitsschritte und vor allem die Arbeitsfragen werden unverständlich und irreführend formuliert, sie erzeugen zwar viele, aber leider auch viele unbrauchbare Antworten.*

- *Es wird eine gewaltige Menge an Informationen und Komplexität erzeugt – hundert Personen geben zu zwanzig Fragen jeweils zehn Antworten – mit der kein Mensch im Unternehmen mehr arbeiten kann und will.*

Folgende Probleme können für elektronische Meetings typisch sein:

- *Teilnehmer nutzen die Anonymität der computergestützten Interaktion, um sich nur oberflächlich Gedanken zu machen.*
- *Teilnehmer erleben die Verpflichtung zur Umsetzung der per Computer getroffenen Beschlüsse als weniger bindend als das laut gesprochene ›Ich will‹.*
- *Anonymität kann dazu führen, dass einzelne Teilnehmer das Diskussionsforum mit einseitigen Äußerungen pro oder contra überhäufen – Beispiele: ›Gute Idee‹, ›hervorragend‹ – und so versuchen, einen Mehrheitstrend zu suggerieren, der so nicht existiert.*
- *Introvertierte Personen können sich durch das Medium Computer ermutigt fühlen, engagiert mitzuarbeiten, bei extrovertierten Personen könnte das Gegenteil der Fall sein. Sie gehen dann doch lieber in die Kaffeeküche zum informellen Meeting, als sich am Computer die Finger wund zu tippen.«*

»Und welche Tipps haben Sie für mich als Leiter solcher Meetings?«

»Da es in diesem Buch nicht um Gruppenarbeitsprozesse geht , möchte ich Ihnen nur eine kurze Antwort geben. Grundsätzlich gelten für computergestützte Meetings dieselben Vorbereitungsschritte wie für eine Besprechung oder eine moderierte Arbeitssitzung. Im Mittelpunkt steht das Ziel oder das Ergebnis, das am Ende des Prozesses erzielt werden soll. Und davon ausgehend müssen Arbeitsschritte und konkrete Arbeitsfragen abgeleitet werden. Der Arbeitsprozess muss also Schritt für Schritt überlegt und ausformuliert werden, denn die Teilnehmer orientieren sich am Bildschirm ja daran, was sie schwarz auf weiß

lesen und nicht daran, was ihnen jemand mündlich mit vielen Umschreibungen und Formulierungsversuchen inklusive Rückfragen und Verständnissicherungsbemühungen vermitteln will. Wie so ein Gruppenarbeitsprozess konkret vorbereitet und durchgeführt werden kann, finden Sie in unseren kommentierten Literaturhinweisen zu den Themen ›Moderation‹ und ›die E-Seite von Besprechungen‹.«

Fundgrube: Literatur und mehr

Zum Weiterlernen: Kommentierte Literaturhinweise und sonstige Quellen

Moderation und Workshop

Hartmann, Martin / Rieger, Michael / Luoma, Marketta: Zielgerichtet moderieren – Ein Handbuch für Führungskräfte, Berater und Trainer, Weinheim und Basel, ^{3}2000. In Arbeitssitzungen, Workshops und Teamsitzungen wollen Gruppen, unterstützt durch eine professionelle Moderation, eigenverantwortlich anspruchsvolle Ergebnisse erarbeiten. Inhalte: Besonderheiten und Stärken der Moderationsmethode, Handwerkszeug und Tipps für den Moderator, Anleitungen für die Vorbereitung und Durchführung einer Moderation, Aufbau und Ablauf, die speziellen Moderationstechniken, Beispiele aus der Praxis, Checklisten und kommentierte Literaturhinweise.

Lipp, Ulrich / Will, Hermann: Das große Workshop-Buch, Weinheim und Basel ^{5}2001. Für alle geschrieben, die es mit kleineren und größeren Workshops zu tun haben. Das Buch ist voller Ideen, Tipps und Anregungen für die Planung, Organisation, Vorbereitung, Durchführung und Nachbereitung von Workshops.

Kellner, Hedwig: Konferenzen, Sitzungen, Workshops effizient gestalten, München und Wien 1995. Allgemeines zur Vorbereitung und Durchführung von Sitzungen und moderierten Workshops. Auf 100 Seiten Beispiele, wie man verschiedene Workshops (Zielfindung für ein Projekt, Entscheidungsfindung, Diagnose und Ursachenanalyse etc.) inhaltlich gestaltet.

Howell, Johnna L.: Tools for Facilitating Team Meetings – easy tools that help plan, organize, conduct, and evaluate team meetings, Seattle 1995. Eine umfangreiche Sammlung von Arbeitsmethoden, wie man in Gruppensitzungen Daten sammelt (Brainstorming etc.), Daten strukturiert (T-chart, Multi-voting etc.), Daten zusammenfasst (affinity diagram, quadrant diagram etc.), Daten aufbereitet (Process flow chart, Grafiken etc.).

Freimuth, Joachim / Straub, Fritz (Hrsg.): Demokratisierung von Organisationen, Wiesbaden 1996. In diesem Buch berichten Zeitzeugen über Ursprünge, erste Anwendungen und Erfahrungen, Widerstände und Probleme der Moderationsmethode. Sie geben darüber hinaus einen Überblick über aktuelle Anwendungen in verschiedenen Themenfeldern sowie über Perspektiven und künftige Entwicklungen.

Wg. Globalisierung: Englischsprachiges

Jay, Ros: Fast Thinking: Team Meeting, Edingburgh/London 2001. Tipps zur Vorbereitung und Leitung von Besprechungen. Von einer britischen Autorin verfasstes seitenmäßig dünnes, aber lesefreundliches Buch.

The 3M Meeting Management Team with Jeannine Drew: Mastering Meetings, New York 1994. Auf 230 gut gefüllten Seiten alles, was mit dem Thema zu tun hat. Nach der Lektüre bleibt kein Fachbegriff unbemerkt.

Goodale, Malcolm: The Language of Meetings, Brighton and Hove 2000. Malcolm Goodale arbeitet als Lehrer bei den Vereinten Nationen in Genf. Sein Anliegen: »Many professionals – diplomats, agency representatives, and business people – have to take part in meetings which are conducted in English. The language of such meetings follows definite patterns. Even if your English is good, not all of the language of meetings is obvious. This book presents and teaches all the language you need to participate effectively in meetings in English.«

Bosewitz, René / Kleinschroth, Robert: Get through at meetings – Business English für Konferenzen und Präsentationen, Reinbek, rororo 2000. Das Taschenbuch vermittelt in einer lockeren Mischung aus Dialogen, *Jokes* und Übungen das, womit man in Besprechungen zu tun hat. Überwiegend englisch geschrieben, mit Vokabelauswahl und 700 Redewendungen englisch/deutsch. Von: wie man Bedenken zerstreut, über Umgang mit Teilnehmerkritik bis hin zur passenden Verabschiedung.

Und wem es um die richtige Übersetzung von Fachbegriffen aus dem Management und dem Bereich Personalarbeit geht, der kann nachschlagen in **Blaeser / Hornung-Draus / Richard (Hrsg.): Fachwörterbuch der Personalarbeit, deutsch – englisch – französisch, Frechen 2000**.

Open Space

Maleh, Carole: Open Space: Effektiv arbeiten mit großen Gruppen, Weinheim und Basel ²2001. Was bedeutet diese Methode, wie funktioniert sie, was ist bei der Durchführung zu beachten? Ein praxisnahes Handbuch für Anwender und Entscheider mit Erfahrungen aus dem deutschsprachigen Raum.

Gleich 16 Erfahrungsberichte aus Deutschland, Österreich und der Schweiz stellt **Carole Maleh** in **Open Space in der Praxis, Weinheim 2002** vor. Berichtet wird aus Profit- und Non-profit-Unternehmen.

Owen, Harrison: Open Space Technology – Ein Leitfaden für die Praxis, Stuttgart 2001. Die deutsche Übersetzung des *User's Guide* des Begründers von *Open Space.* Alles, was man für die Anwendung wissen muss. Und wer mehr über die Anfänge von *Open Space* und die Entwicklung hin zu einem weltweit angewendeten Verfahren wissen möchte – die »Biographie« der Methode: **Owen, Harrison: Erweiterung des Möglichen – Die Entdeckung von Open Space, Stuttgart 2001.**

Die E-Seite von Besprechungen: Telefon, Video, Computer

Diamond, Lynn / Roberts, Stephanie: Effective Videoconferencing, Menlo Park, California 1996. Alles zum Thema Videokonferenz: Technik (nicht mehr ganz aktuell), Planung, Raumgestaltung, Krisenmanagement, Verhalten als Leiter und Teilnehmer (nach wie vor aktuell).

Weatherall, Alan / Nunamaker, Jay: Getting results from electronic meetings, Hampshire 2000. Arbeitssitzungen am Computer. Das Buch gibt eine kurze Übersicht, worum geht es, wie derartige Arbeitsprozesse ablaufen und wie sie vorbereitet werden können. Viele werbewirksame Beispiele erfolgreicher Veranstaltungen aus den USA. Eine **deutsche Übersetzung** von Waldeck/Jauer kann bestellt werden über Electronic Meeting Systems in Tasdorf.

Weinig, Katja: Wie Technik Kommunikation verändert – Das Beispiel Videokonferenz, Münster 1996. Eine veröffentlichte Dissertation, in der untersucht wird, wie sich die Kommunikation in Videokonferenzen von der in face-to-face-Situationen unterscheidet. Für alle, die sehr tief in die Thematik einsteigen wollen.

Konradt, Udo / Hertel, Guido: Management virtueller Teams, Weinheim 2002. Virtuelle Teams dürften die Hauptanwender »elektronischer Besprechungen« sein. Die Autoren geben eine Einführung in Hintergründe und Praxis derartiger Teams. Dazu gehört auch, wie die Kommunikation erfolgreich gestaltet werden kann, beispielsweise durch besonders gestaltete Abläufe oder Spielregeln.

Ebenfalls mit Themen wie »Moderation von virtuellen Teams« und »Netcoaching« beschäftigt sich »**E-Learning und E-Kooperation in der Praxis**« von der **Autorengruppe e-writing.de, Neuwied 2002.**

Die technische Seite von Videokonferenzen und *electronic meetings* wird in einer ganzen Reihe von Büchern vorgestellt. Hier einige Neuerscheinungen. Wichtig jedoch: Schauen Sie sich die Bücher dahingehend an, ob die technischen Informationen auf dem Stand sind, mit dem Sie arbeiten wollen!

- **Schoblick, Gabi und Robert: NetMeeting, Francis Verlag 2001.**
- **Günther, Johann: Videokonferenz in der Lehre, Braumüller Verlag 2001.**
- **Wilcox, James: Videoconferencing – The whole picture, Telecom Books 2000.**
- **Rhodes, John D. and John: Videoconferencing for the real world, Focal Press 2001.**

Was es sonst noch gibt

Hartmann, Martin / Funk, Rüdiger / Nietmann, Horst: Präsentieren – Präsentationen zielgerichtet und adressatenorientiert, Weinheim und Basel, ^{6}2000. Auch für Besprechungen gilt: Der Leiter präsentiert Ideen, Konzepte, Problemstellungen, Hintergrundinformationen, und er visualisiert. Tipps zum zielgerichteten Präsentieren in allen beruflichen Situationen vermittelt dieses Buch: Vorbereitung, Medieneinsatz, Aufbau einer Rede, Lampenfieber, Visualisierungen, Umgang mit Fragen und Einwänden, Checklisten für die Vorbereitung und Durchführung eigener Präsentationen.

Das zentrale Medium für Besprechungen und Workshops sind nach wie vor Flipchart und Pinnwand. Und weil das so ist, gibt es dazu pfiffige Bücher, die in die besonderen Arbeitsweisen und den professionellen Umgang mit diesen Medien einweisen:

- **Langner-Geißler, Traute / Lipp, Ulrich: Pinnwand, Flipchart und Tafel, Weinheim und Basel ²1994** sowie
- **Weidenmann, Bernd: 100 Tipps und Tricks für Pinnwand und Flipchart, Weinheim und Basel 2001.**

Schulz von Thun, Friedemann: Miteinander reden: Störungen und Klärungen. Band 1, rororo, Reinbek 1981. Jedes Jahr aufs Neue erscheinen viele viele Bücher zum Thema »Kommunikation«. Alter Wein in neuen Schläuchen. Deshalb nicht unbedingt ungenießbar. Aber warum nicht einen alten Spitzenwein aus der Flasche trinken? Im Kapitel »Mit vier Ohren hören« haben wir auf das Modell der »vier Seiten einer Nachricht« zurückgegriffen. Schulz von Thun erläutert mit diesem Modell ausführlich, wie unterschiedlich Nachrichten gemeint sein und wie sie ebenso unterschiedlich empfangen werden können.

Cerwinka, Gabriele / Schranz, Gabriele: Professionelle Protokollführung, Wien/Frankfurt 1999. 100 Seiten, die sich ausschließlich mit dem Thema »Protokollerstellung« befassen: Protokollarten, Anforderungen an den Protokollanten, an die Inhalte und die Form guter Protokolle, Tipps für die Vorbereitung, Durchführung und Sprache in Protokollen.

Wieke, Thomas: Meetings – Wie Sie sich durchsetzen – wie Sie Ihre Ziele erreichen, Frankfurt a. M. 2000. Überwiegend Tipps für Berufseinsteiger, wie sie sich als *Teilnehmer* in Sitzungen verhalten sollen. Von der angemessenen Vorbereitung bis zum Umgang mit Killerphrasen.

Funk, Rüdiger / Röpnack, Rainer / Busch, Hans-Lothar: Qualifizierung »On the Job«, in: Handbuch Personalentwicklung, Köln 2001. Hintergründe, Nutzen, Rahmenbedingungen für Qualifizierungsmaßnahmen, die am Arbeitsplatz durchgeführt werden können. Zentrales Beispiel: Besprechungscoaching. Für Weiterbildungsverantwortliche, die über Besprechungstrainings und alternative Verfahren nachdenken und etwas über ein Besprechungscoaching für Führungskräfte und/oder Arbeitsgruppen wissen wollen.

Besprechungen sind für viele ein beständiger Kampf gegen die Zeit. Das hat weniger mit der Zeit zu tun, noch weniger mit der sogenannten knappen Zeit, als vielmehr mit der Art, wie Leiter und Teilnehmer Zeit leben. Hier ein Lesetipp für alle, die die Zeit auf ihre Seite bringen wollen: **Karlheinz A. Geißler: Wart' mal schnell, Stuttgart 2002.**

Man kann eine Besprechung als kommunikatives Ereignis betrachten. Diese Perspektive findet sich größtenteils in dem vorliegenden Buch. Man kann eine Besprechung jedoch auch als ein Leistungssystem ansehen, in dem das Zusammenwirken von Mitarbeitern, Zielen, Feedback, Konsequenzen und Ressourcen das Ergebnis der Besprechung erzeugen. Wir sprechen dann von Systemdesign, Leistungsverbesserung oder Einbindung des Leistungssystems »Besprechung« in Prozesse und Organisationsformen von Unternehmen. Das theoretische und praktische Rüstzeug für diese Sichtweise bieten **Klaus D. Wittkuhn und Thomas Bartscher (Hrsg): Improving Performance – Leistungspotenziale in Organisationen gestalten, Neuwied und Kriftel 2001.**

Van Vree, Wilbert: Meetings, Manners and Civilization – The development of modern meeting behaviour, London and New York 1999. Eine Sozialgeschichte des Meetings über mehrere Jahrhunderte hinweg, von militärisch agraischen Lebensgemeinschaften bis hin zur modernen Industriegesellschaft: Welche Funktionen hatten Meetings, wie liefen sie ab, welche Veränderungen lassen sich beobachten? Aber auch: Worum ging es in den ersten Büchern zu »Besprechungstechniken« (ca. 1850) und wie haben sie sich bis zum heutigen Tage weiterentwickelt? Eine spannendes Stück Kulturgeschichte; bisher leider nur auf englisch und holländisch erschienen.

Es müssen ja nicht immer Bücher sein

Trainingsvideos können nicht nur über Texteinblendungen Inhalte vermitteln (das können Bücher besser) sondern (ihre eigentliche Leistung) in gespielten Szenen zeigen, wie es gehen kann, oder nicht gehen sollte – und das gleich mehrmals hintereinander, unterhaltsam, nachdenklich und einprägsam. Im Video von **Manfred Winkler: Effiziente Besprechungen: Methoden und Techniken für Meetings und Konferenzen, G. May Verlags GmbH 2001** (Dauer: 20 Minuten) sammeln die Darsteller Ideen, warum Besprechungen scheitern und wie sie verbessert werden können. Jeder kommt zu Wort und gibt richtige Antworten. Das Ganze erinnert leider etwas an eine Schulstunde, untereinander besprochen wird da nichts. Vorgestellte Methoden: Brainstorming und das Karten-Antwort-Verfahren aus der Moderation.

Vera F. Birkenbihl konzentriert sich in ihrem Video **Meetings erfolgreicher gestalten – Die Gesetze der Gruppendynamik nutzen, Metropolitan Power-Training Video, Düsseldorf** auf die Gruppendynamik und ihre Auswirkungen in Besprechungen. Ihre Schwerpunkte: Was ist Gruppendynamik? Wie behindert oder fördert sie die Zusammenarbeit in Besprechungen und wie kann ein Besprechungsleiter das Wissen darüber nutzen, konstruktives Arbeiten innerhalb einer Gruppe zu fördern. Ob sich die Welt wirklich immer so einfach in den Griff bekommen lässt, wie im Film angedeutet, sei einmal dahingestellt. Dennoch: es lohnt sich, das Thema Besprechung auch einmal aus der Perspektive zu betrachten, wie Gruppenmitglieder ihre Rangordnung in der Zusammenarbeit aushandeln.

Das wohl unterhaltsamste Video heißt **Meetings Bloody Meetings** (Video Arts 1993, Dauer: 30 Minuten). Es zeigt den englischen Schauspieler John Cleese (Monty Python, Ein Fisch namens Wanda, Harry Potter etc.), wie er sich vor Gericht dafür verantworten muss, Besprechungen unvorbereitet einberufen, Diskussionen nicht angemessen geleitet und anderen Menschen dadurch wertvolle Lebenszeit gestohlen zu haben. Mag auch das Video ein Genuss sein, der Kaufpreis ist es nicht: bis über 1000 Euro verlangen manche Anbieter für diese kurzweiligen 30 Minuten. Aber vielleicht gibt es ja Freunde, bei denen man mal mitgucken kann.

30 Minuten bis zur effektiven Besprechung heißt »Das 30-Minuten-Hörbuch«, das dann doch 60 Minuten dauert (**Alan Barker, Wiesbaden 2000**). Kurzweilig erzählen eine Sprecherin und ein Sprecher, das das wichtigste Ziel einer Besprechung darin besteht, unterschiedliche Perspektiven in einer Gruppe gezielt zur Bearbeitung von Problemen zu nutzen. Viele Anregungen für den eigenen Besprechungsalltag, gut mehrmals nebenbei auf der Autobahn zu hören. Leider kaum Hörspielbeispiele, in denen die vielen vielen Tipps in Besprechungssituationen auch ausprobiert und vorgespielt werden.

Zeitschriften und das liebe Internet

Zeitschriften, die sich immer mal wieder mit dem Thema Besprechungsleitung, Moderation, Konferenzen sowie der Vorstellung geeigneter Konferenzorte und –häuser beschäftigen sind: **Management und Training, acquisa, salesBUSINESS Wirtschaft und Weiterbildung, ManagerSeminare** oder **HR-Services** und das **Q-Magazin.**

Für Berufseinsteiger interessant: **www.Jobuniverse.com** bietet neben Stellenangeboten immer wieder auch Artikel zu Managementthemen wie Besprechungen, Verhalten in Meetings, Umgang mit Gruppe bei wichtigen Entscheidungen.

Über die Entwicklung der modernen elektronischen Medien für Besprechungen, Konferenzen oder Präsentationen berichtet die Zeitschrift »**AV-views - Audivisuelle Kommunikation und Präsentation**« aus Herzogenrath.

Aus den USA berichtet das Magazin **Successful Meetings** über aktuelle Trends in der Meetingbranche, Hotels, Technik und Tipps, bei denen es um das Verhandeln guter Tagungskonditionen geht. Gelegentlich gibt es auch Beiträge zur Leitung von Besprechungen (einen Einblick bietet: www.successmtgs.com).

Tipps für die Suche im Internet: In die verschiedenen Suchmaschinen eingeben: *Besprechungstechniken, Meetingtechniken, Besprechungsleitung, Videokonferenzen, Audiokonferenzen, Telefonkonferenzen, Konferenztechniken, Tagungen.* Neben aktuellen Artikeln finden sich auch massenweise Anbieter für Konferenztechnik. Einige dieser Firmen bieten kleinere Anleitungen zur Einrichtung von Videokonferenzräumen, zur Handhabung der Technik sowie Schulungen an. Der Markt ist jedoch in Bewegung, wer heute inseriert, kann morgen schon mit irgendeinem Partner unter einer neuen Website erscheinen. Also: suchen. Für den englischsprachigen Raum gilt gleiches: Suchbegriffe wie beispielsweise *meeting techniques, meeting skills, video conference, electronic meetings, electronic conferencing* führen zu einer umfangreichen Auswahl von kommerziellen Anbietern, Universitäts-Sites mit anspruchsvollen technischen Tipps, kleineren Beratungsfirmen, die bei der Organisation und Durchführung von Konferenzen helfen können.

Über das Zustandekommen des Buches – die Autoren

Seit 1987 beschäftigen sich Beraterinnen und Berater von *train* mit dem Thema, wie Besprechungen zielführend und zufrieden stellend zu gestalten sind. Angefangen hat es mit Besprechungstrainings, die wir für Kunden aus allen Bereichen von Wirtschaft und Gesellschaft durchgeführt haben. Und auch heute noch helfen wir Menschen in Besprechungstrainings, ihre Kompetenzen in diesem Feld zu verbessern. Die Trainings haben sich natürlich verändert, sind differenzierter, übungsintensiver und praxisnäher geworden. Je nach Wunsch unserer Teilnehmer liegen die Schwerpunkte mal mehr auf der Vermittlung von methodischer Kompetenz, dann geht es unter anderem um das zielgerichtete Vorbereiten und Durchführen einer Sitzung. Auch auf die Vermittlung von kommunikativen Kompetenzen in der Leitungsrolle gehen wir ein, dann kann beispielsweise der Umgang mit Störungen und kritischen Situationen Schwerpunkt von Übungen sein. Und wo gewünscht werden auch die Themen Telefon- und Videokonferenz in die Trainings integriert. In jedem Fall jedoch stehen im Mittelpunkt aller Schulungen die Übungen, videounterstützt und mit ausführlichen schriftlichen und mündlichen Rückmelderunden ergänzt.

Weitere Angebote haben die klassischen Trainings im Laufe der Jahre ergänzt:

- **Besprechungscoaching:** der Coach nimmt – nach entsprechendem Briefing durch und mit allen Beteiligten – an einer echten Besprechung im Unternehmen teil, gibt unmittelbar im Anschluss Rückmeldungen und erarbeitet zusammen mit den Teilnehmern Empfehlungen und Lernvorhaben für zukünftige optimierte Besprechungen. Der Effekt ist unmittelbar und durch das gemeinsame Erleben im wahrsten Sinne des Wortes auch sehr verbindlich.

- **Training-on-the-Job:** Hier werden Besprechungen am Arbeitsplatz trainiert und mit Blick auf die Besonderheiten der Organisation verbessert;
- **Coaching von Führungskräften:** In intensiven Einzelberatungen können wichtige Besprechungen, Konferenzen und Workshops vorbereitet, teilweise geübt und später ausgewertet werden. Die Beratung kann sich aber auch auf persönliche Schwierigkeiten einzelner Personen in Besprechungen beziehen, eine nur scheinbar aufwendige Maßnahme, wenn man bedenkt, dass die Leitung von Besprechungen einen großen Teil des Arbeitsalltags von Geschäftsleitungsmitgliedern ausmacht.
- **Beratung zu Interventions- und Steuerungsprozessen:** Müssen es denn immer Besprechungstrainings sein, wenn die Leistung einer Abteilung verbessert werden soll? *Improving Performance* beschäftigt sich mit Leistungsverbesserungen in Organisationen und kommt immer wieder zu überraschenden Interventionen, die wirklich etwas bewegen.
- Konzepte wie die Moderationsmethode oder **Open Space,** aber auch Verhandlungs- und Mediationstechniken haben Eingang in die Praxis vieler Unternehmen gefunden und bieten überzeugende Hilfen bei der Bewältigung spezifischer Fragestellungen von Gruppen in Arbeitssitzungen und Workshops.

Die Ergebnisse dieser langjährigen Auseinandersetzung mit dem Phänomen »Besprechungsleitung« haben auch Eingang in das vorliegende Buch gefunden. Beteiligt daran waren aus dem *train*-Team: Dr. Bernhard Ulbrich, Andreas Auert, Klaus D. Wittkuhn, Doris Jacobs-Strack, Thomas Schwarz sowie Rüdiger Funk.

Weiterhin haben Führungskräfte aus Deutschland und dem europäischen Ausland die erste Fassung dieses Buches gelesen und zusammen mit den Autoren diskutiert. Sie alle leiten fast täglich unterschiedliche Arten von Meetings, Sitzungen und Workshops, überwiegend klassische *Face-to-face*-Besprechungen, zunehmend aber auch Telefon- und Videokonferenzen. Ihnen allen ganz herzlichen Dank! Es sind: Heinrich Braauß, Dr. Sabine Graumann, Stefan Rieg, Richard Hilmer, Sylvia Weber-Gräf, Lars Plougmann, Dr. Hans-Martin Beyer, Martina Rieg, Paul Kopp und unsere Lektorin Ingeborg Sachsenmeier.

Die Autoren

Foto: Dieter Salentin

Dr. Martin Hartmann; nach Hochschultätigkeit mehrere Jahre Projektleiter in der Medienforschung und -beratung; als Journalist in London tätig; Schwerpunkte bei *train*: Präsentations-, Moderationstechniken, Krisenkommunikation; Coaching für Präsentationen und Besprechungen; Pressearbeit und Publikationen.

Foto: Martin Hartmann

Rainer Röpnack; mehrere Jahre Leitungserfahrung im Sozialen Bereich, bei *train* als Trainer und Berater mit dem Hauptanliegen, Unternehmen dabei zu unterstützen, vorhandene Ressourcen optimal zu nutzen. »Besprechungen sind in solchen Prozessen ein wichtiges und häufig unterschätztes Vehikel.«

Foto: Martin Hartmann

Hans-Werner Baumann; Internationale Beratungstätigkeit im Bereich Risikomanagement und Organisationsentwicklung von Weiterbildungseinrichtungen u.a. in Südafrika; bei *train* als Organisationsberater und Trainer für Führung, Kommunikation, Besprechungstechniken sowie *Improving Performance.*

Train

Gesellschaft für Organisationsentwicklung und Weiterbildung mbH

Büro Bonn:
Venusbergweg 48
D-53115 Bonn
Tel.: 0228 / 243900
Fax.: 0228 / 2439010
E-Mail: train.bonn@train.de
http\\www.train.de

Büro München:
Wagenberger Straße 1
D-85662 Hohenbrunn
Tel.: 08102 / 8955-3
Fax.: 08102 / 8955-49
E-Mail: train.muenchen@train.de
http\\www.train.de